Vivre avec philosophie

Mieux penser pour mieux vivre

Groupe Eyrolles
61, bd Saint-Germain
75240 Paris cedex 05

www.editions-eyrolles.com

© Groupe Eyrolles, 2008
ISBN : 978-2-212-54035-2

Bérangère Casini

Vivre avec philosophie

Mieux penser pour mieux vivre

EYROLLES

Sommaire

IV. La vie

V. Le temps qui passe

Introduction

Nous souffrons le plus souvent d'être séparés. Séparés de ceux que nous aimons, séparés de ce à quoi nous aspirons, et finalement séparés de nous-mêmes. Cet état entraîne parfois un sentiment de délaissement, voire d'abandon. Il nous fait perdre confiance en nous et nous vide de nos propres forces. S'il avait lieu à des moments précis, nous pourrions toujours espérer y échapper de quelque façon. Mais tel n'est pas le cas.

La séparation dont nous souffrons est commune à tous, en ce sens qu'elle place inlassablement la vie d'un côté et la pensée de l'autre. Nous apprenons un grand nombre de choses, mais cet amas de connaissances nous aide finalement peu à vivre, et, réciproquement, nous vivons et accumulons des expériences qui n'augmentent guère notre capacité à comprendre. C'est pourquoi « *tous se plaignent : princes, sujets ; nobles, roturiers ; vieillards, jeunes ; forts, faibles ; savants, ignorants ; sains, malades ; de tous pays, de tous temps, de tous âges et de toutes conditions* », remarque Pascal[1] en jouant sur l'effet hypnotique des couples d'opposés. Personne ne fait exception à la règle, et chacun tend, autant qu'il peut, à son bonheur, en s'efforçant de faire face aux obstacles rencontrés. Toutefois, on peut s'y appliquer très mal et mettre en place des dispositifs de

© Groupe Eyrolles

---

1. Blaise Pascal, *Pensées*, Gallimard, 2004.

1

défense et d'attaque dans sa vie que l'on perçoit alors comme un combat à mener sans répit.

Rien n'y fait : vie et pensée continuent de s'opposer, de se déchirer, si bien que deviennent tour à tour enviables soit une vie sans pensée, communément représentée par la vie animale en symbiose avec son environnement, soit une pensée délivrée des aléas de la vie quotidienne, telle que la mènent des dieux immortels et imperturbables. La vie humaine, ce mixte de pensée et de vie, qui serait vraiment enclin à la choisir ?

S'interroger sur cette cohabitation impossible et pourtant constitutive de l'existence humaine, c'est saisir la dimension nécessairement théorique et pratique de la philosophie : travailler sa pensée, c'est aussi travailler sa vie. Il s'agit de se déprendre de ses opinions, de ses convictions les plus familières, afin de pouvoir se libérer de sa propre pensée. Mais comment s'y exercer, comment s'arracher, de soi-même, à ce qui semble nous tenir et nous maintenir (on parle bien du « sol de nos convictions ») ?

La réponse est dans la philosophie. Tel est l'impératif d'Épicure écrivant au jeune Ménécée qu'il ne convient pas de remettre à plus tard le temps de philosopher, sous peine de ne jamais trouver le moment opportun[1]. On comprend alors mieux la raison de faire de la philosophie sans tarder, quand les racines de nos opinions ne sont pas encore trop profondes.

Le discours commun tenu sur la philosophie reconnaît, certes, son utilité. On lui accorde qu'elle apprend à structurer la réflexion et qu'elle permet d'exercer plus aisément sa pensée sur d'autres matières. Mais il n'y a qu'à observer l'état actuel de l'enseignement dans les universités françaises pour s'apercevoir que la philosophie est cette discipline annexe et polymorphe qui se combine avec toutes les autres sciences humaines – sociologie, droit, arts,

---

1. Épicure, *Lettre à Ménécée*, Hatier, 2007.

lettres ou sciences politiques –, comme pour assurer un vernis supplémentaire d'intellectualité avant d'entreprendre un métier et de s'occuper enfin de choses sérieuses. Un peu de philosophie donc (quelques heures par semaine), mais pas trop tout de même.

C'est de ce « trop » dont se moquait déjà Calliclès à propos de Socrate qui, malgré son vieil âge, s'évertua toujours à philosopher et devint, aux yeux du plus grand nombre, « *le contraire d'un homme* », celui qui parle « *de petites choses et de peu de valeur*[1] ». Ce jugement accompagne la philosophie depuis ses débuts, brouillant les repères comme les exigences, en rendant l'image du philosophe tour à tour fascinante et méprisante.

Si des sirènes sur les chemins de la philosophie incitent souvent à mettre un terme au voyage, c'est peut-être parce que l'on *se dit* tous assez philosophes pour se mettre en route, mais pas suffisamment pour continuer à l'*être* véritablement. Venons ou retournons alors aux discours des philosophes qui nous invitent à poursuivre nos voyages ou nos transhumances, et nous rappellent ce que nous oublions, trop empressés par les contraintes de la vie sociale. Et ce que nous oublions, c'est précisément de prendre le temps de penser. À chacun de découvrir le temps qui lui est approprié, le temps de sa pensée qui fait, à coup sûr, vivre autrement.

© Groupe Eyrolles

---

1. Platon, *Gorgias*, Flammarion, 2007, 484c et 497b.

I.

Qui suis-je ?

Il est toujours plus aisé de commencer par ce qui est le plus connu avant de s'attaquer à ce qui l'est moins, et c'est même une des règles de la méthode énoncée par Descartes dans sa recherche de la vérité[1]. C'est pourquoi nous commencerons par le moi qui habite chacun comme une évidence.

L'énigme du Sphinx, c'est soi[2] !

Notre identité s'est faite au fil de nos rencontres, selon ce que nous en avons retenu, et continue de se construire à travers ce que nous vivons. Rien de plus familier, à première vue, que ce moi auquel nous nous identifions : qui suis-je ? Je suis moi ! Et pourtant, les autres s'en étonnent, nous congratulent ou nous admonestent, nous aiment ou nous détestent. Comment pouvons-nous provoquer tant de réactions opposées alors qu'il s'agit toujours bien de nous et de personne d'autre ? La situation devient troublante lorsque nous ne nous reconnaissons pas nous-mêmes à travers nos propres actes. Nous nous croyons courageux, mais quand une personne se fait agresser devant nous, sommes-nous sûrs de nous comporter plus dignement que les gens que l'on aurait jugés lâches dans les mêmes circonstances ? La diversité qui se profile à l'extérieur, et dont témoignent les différents points de vue des autres, exprimerait-elle notre diversité interne ? Celle-ci nous est peut-être moins familière et plus embarrassante parce qu'elle nous

---

1. René Descartes, *Règles pour la direction de l'esprit*, Vrin, 1994.
2. Il s'agit du monstre de la ville de Thèbes (visage de jeune fille, corps de chien, queue de serpent, ailes d'oiseau et griffes de lion) qui propose une énigme et dévore ceux qui ne peuvent y répondre. La mort du Sphinx dépendait de la résolution de cette énigme : « Quel est l'animal qui a quatre pieds le matin, deux à midi et trois le soir ? » C'est Œdipe qui répondit sans hésiter : « Cet animal est l'homme qui, dans son enfance, marche à la fois sur ses pieds et sur ses mains, dans l'âge viril sur ses deux pieds, et dans la vieillesse se sert d'un bâton comme d'un troisième pied. » Le Sphinx se jeta dans le précipice et Œdipe monta sur le trône de Thèbes.

© Groupe Eyrolles

confronte à la question de savoir qui est ce « moi » qui prétend être le mieux placé pour y répondre. Ce qui nous semblait évident devient donc énigmatique.

« Nous avons en nous d'immenses étendues que nous n'arriverons jamais à talonner ; mais elles sont utiles à l'âpreté de nos climats, propices à notre éveil comme à nos perditions. » (René Char, *Les Matinaux*[1].)

Les bonnes questions

Pouvez-vous vous définir vous-même ? Avez-vous l'impression que votre identité vous résiste ou, plutôt, que c'est vous-même qui jouez de ruse pour échapper à cet effort, souvent difficile, d'introspection ? Avez-vous peur de vous-même ?

Adressez-vous alors à un ami ou une personne qui pense bien vous connaître ; discutez-en ensemble pour comprendre où sont les lacunes dans votre appréhension de vous-même. Demandez-lui ce qu'il pense de vous. Ce jugement vous satisfait-il ou non ?

Quand nous cherchons à nous définir, nous décrivons nos principales caractéristiques physiques et morales. Or, le résultat est peu convaincant car nous ne sommes pas réductibles à la somme de nos qualités physiques et morales. Une chose semble certaine : nous sommes sûrs d'être nous-mêmes. Nous sommes cette personne singulière que l'on ne peut confondre avec telle autre.

L'affirmation de soi

L'affirmation de soi est décisive, et nul ne peut le faire à notre place. S'affirmer soi-même, ce n'est pas écraser l'autre comme si l'on se sentait « plus » soi-même contre les autres, mais c'est

---

1. René Char, *Les Matinaux*, Gallimard, 1969.

devenir capable de dire « je ». Ce pronom personnel a ici une valeur existentielle et psychologique. Existentielle, parce qu'il fait de l'individu une unité singulière, différente de toutes les autres, et qui, comme telle, ne peut être mise au pluriel : « Je suis ce que je suis. » Psychologique, parce qu'en disant « je », l'individu se pose comme l'agent de ses actions et de ses paroles, prenant ainsi acte de sa responsabilité. Autrement dit, nos caractéristiques singulières ne suffisent pas à nous définir tant que nous ne nous les sommes pas appropriées. Cela suppose que l'on en fasse usage *par* et *pour* soi-même, c'est-à-dire librement : c'est l'affirmation de soi qui constitue un sujet.

Celui qui se pose lui-même comme fondement de son existence affirme ainsi son autonomie. L'autonomie du sujet réside dans son pouvoir de fixer par lui-même les règles et les buts de ses actions. Exister en tant que sujet signifie donc que l'on n'a pas besoin de se référer à un autre pour se définir, pour rendre raison de ce que l'on est. En tant que sujet, nous n'avons pas à justifier notre existence en lui trouvant une utilité extérieure. D'ailleurs, si tel était le cas, les individus se soumettraient entièrement au vouloir d'autrui ; ils formeraient une société fondée sur l'esclavage ou la prostitution.

L'identité est analogue à la force du baron de Münchausen se tirant par les cheveux pour se sauver. Elle illustre ce surgissement du sujet, seul capable de se faire exister par lui-même. Chacun a déjà éprouvé ces moments de détresse où il est dans l'urgence de se trouver lui-même en revenant ainsi au monde et en déclarant son existence, de la même façon que l'on déclare la venue au monde du nouveau-né. C'est également ce qui a maintenu Ulysse sain et sauf face au Cyclope auquel il répond, avec l'énergie de l'audace, « *Je m'appelle Personne* » : personne en tant que sujet et en tant qu'individu ouvert à la chance d'un possible inédit, par-delà toutes les déterminations particulières.

Prendre conscience de soi

Pour s'affirmer, il faut déjà prendre conscience de soi. Confronté à la question de son identité, chacun se trouve tenté de répondre « je suis moi ! ». Cet énoncé formellement identique pour tous est, à chaque fois, décliné de manière originale puisqu'il n'y a ni copie, ni modèle du moi. L'identité personnelle demeure tant que chacun a le sentiment d'être soi et dit « je » par soi-même. Un tel sentiment n'est pas de l'ordre du simple *feeling*, mais de ce que le philosophe anglais John Locke qualifie par le néologisme « *consciousness*[1] ». Il souligne par là le retour réflexif sur soi qu'implique une telle conscience, c'est-à-dire le fait que c'est nous qui sommes en train de penser. Si tel n'était pas le cas, l'être humain serait un automate.

La prise de conscience ne peut être ordonnée ou prescrite : à chacun sa prise de conscience et, conjointement, sa prise de conscience du monde. Il y a prise, c'est-à-dire questionnement réel, dès lors que le monde ne nous est plus indifférent et cesse d'être constitué d'événements dont nous serions le spectateur : il faut voir le monde à la première personne. Cette prise de conscience n'est donc pas sans conséquences, dans la mesure où elle donne lieu à des jugements éthiques et politiques. Ce qui guette chacun, trop affairé pour prendre le temps de penser, c'est de ne jamais examiner ce qu'il fait ou dit, s'accommodant très bien de l'absence de tout rapport à lui-même.

Ceci étant dit, dans cette conscience de soi, ce qui reste à examiner est la nature de ce « soi » : que sait-on de ce soi que l'on dit être « moi », ou du moins que l'on prend pour soi-même ?

---

1. John Locke définit l'identité personnelle comme le fait de se considérer soi-même comme soi-même (c'est là le retour réflexif) et ajoute : « Ce qui provient de cette conscience (*consciousness*) qui est inséparable de la pensée [...], la conscience, accompagne toujours la pensée, elle est ce qui fait que chacun est ce qu'il appelle soi et qu'il se distingue de toutes les autres choses pensantes. » (*Essai philosophique sur l'entendement humain*, Vrin, 2001, II, ch. 27.)

Le souci de soi

Être pour soi ne signifie pas être égocentrique et ne penser qu'à soi : c'est saisir que, sans conscience de soi, il n'y a pas de pensée. L'enjeu est de taille. La conscience de soi n'est pas la même chose que la pensée. Mais sans elle, la pensée serait impossible, sauf à considérer qu'il y aurait quelque chose qui penserait en nous et pour nous. Cela n'a pas de sens puisqu'il s'agirait de pensées de personne, c'est-à-dire de non-pensées. La conscience de soi permet d'instaurer un dialogue entre soi et soi. Seulement, il faut pour que les « sois » qui dialoguent parviennent à s'entendre, comme lorsqu'on dit que l'on est « en accord avec soi-même ». Ce qu'actualise la pensée, c'est le dialogue silencieux entre soi et soi qu'accomplit la conscience de soi. Qui voudrait, par exemple, être l'ami d'un meurtrier et vivre avec ? Pas même un meurtrier, car quel dialogue engager avec lui ? Tel est l'embarras de Richard III qui s'efforce de s'adresser à lui-même, après avoir commis un grand nombre de crimes : « *Comment ! Est-ce que j'ai peur de moi-même ? Il n'y a que moi ici ! Richard aime Richard, et je suis bien moi. Est-ce qu'il y a un assassin ici ? Non... Si, moi ! Alors fuyons... Quoi ! Me fuir moi-même ? {...} Je m'aime moi !... Pourquoi ? Pour un peu de bien que je me suis fait à moi-même ? Oh non ! Hélas ! Je m'exécrerais bien plutôt moi-même pour les exécrables actions que j'ai commises par moi-même. Je suis un scélérat... Mais non, je mens, je n'en suis pas un. Imbécile, parle donc bien de toi-même... Imbécile, ne te flatte pas*[1]. »

A contrario, fuir le rapport à soi-même, c'est ne jamais rendre compte de ses paroles ou actions et, même, ne plus s'en inquiéter. N'être désormais tenu à rien. Nous pouvons sans doute vivre ainsi en nous laissant entraîner, sans réfléchir, par ce que les autres croient et font, mais le plus terrifiant advient alors : déléguer sa vie et sa pensée à d'autres qui sauront toujours quoi en faire. Sur

---

1. William Shakespeare, *Richard III*, Flammarion, 1984.

un plan collectif, cela engendre les régimes totalitaires, et sur le plan individuel, l'indifférence.

Ce qui se joue dans toute relation humaine est principalement la relation que l'on a avec soi-même. Le soi trouve sa pleine satisfaction en devenant son propre ami et jamais en accusant les autres comme s'il s'agissait d'un procès à gagner. Si l'on est pénible aux autres, c'est parce que l'on est devenu soi-même son propre ennemi. Comment faire pour que ce soi devienne et demeure cet ami qu'il doit être, est la question qui nous tient en alerte. C'est pourquoi Épictète reproche vivement à ses élèves d'être venus « faire de la philosophie » pour apprendre à discuter et à remporter la dispute, sans s'attarder au souci d'eux-mêmes. « *Guérissez vos blessures {…}, calmez vos esprits*[1] », leur rappelle-t-il, sous peine de parler pour ne rien dire. Faire un usage « ennemi » de soi-même signifie, en ce sens, se parler n'importe comment.

────────── **Les bonnes attitudes** ──────────

Il vous arrive souvent de penser que vous auriez dû agir autrement ; vous n'êtes alors pas content de vous-même. Ce jugement sur soi n'a pas de valeur morale, et il ne s'agit en rien de regretter ou de se lamenter. Seule la prise de conscience de ce malaise, non imputable aux autres ni à une situation spécifique, vous permettra de porter un autre regard sur ces « ratés » du quotidien.

Soyez donc attentif à la manière dont vous faites usage de vous-même en cessant de vous vivre de manière extérieure, au gré des rencontres ou des milieux côtoyés. En vous efforçant de vous centrer sur vous-même, vous distinguerez les pensées qui vous appartiennent de celles que vous empruntez.

───────────

1. Épictète, *Les entretiens*, Mille et une nuits, 2005.

Tous pareils, tous différents

L'identité humaine n'est pas faite d'un seul bloc. Il y a une identité que l'on pose soi-même et qui permet de s'affirmer, et une identité que l'on reçoit en héritage. Ces plans de l'identité sont en même temps des lignes d'apprentissage au cours desquelles nous parvenons à nous connaître. Mais ils peuvent s'entrechoquer et engendrer des « crises d'identité » : nous pouvons nous méprendre sur ce que nous considérons être nous-mêmes. En effet, il ne faut pas confondre l'identité que nous tenons de notre histoire personnelle, avec ses traditions et ses symboles, et celle que nous apprenons à découvrir en termes de liberté. Il nous faut donc faire ce travail de distinction.

--------------------- Les bonnes questions ---------------------

Si vous avez des caractéristiques physiques ou des traits de caractère qui vous apparentent à un héritage culturel particulier, qu'en faites-vous ? Vous les revendiquez ? Vous les subissez ? Vous les êtes-vous appropriés de façon lucide ?

Tout dépend du rapport que l'on entretient avec soi-même.

Le mécanisme de l'identification

Il y a deux façons de se rapporter à son identité : soit selon un rapport passif, c'est-à-dire sans réflexion, soit selon un rapport actif, c'est-à-dire réfléchi. Dans ce dernier cas, nous nous interrogeons sur les perspectives qu'elle nous permet d'ouvrir, ou du moins, d'entrapercevoir. Ainsi, adopter tel style vestimentaire comme si cela suffisait pour se construire relève d'un rapport passif, subi, à son identité. En revanche, rechercher ce qui est le plus authentique à soi (même si cela est douloureux pour son amour-propre) correspond à une conquête plutôt qu'à une défaite de soi.

Étant donné que l'être humain naît enfant avant que d'être homme, comme le souligne Descartes[1], être soi s'apparente d'abord à être « chez soi », parmi les familiers qui ont modelé notre personne, nous ont appris notre langue native et nous ont institué comme un être déterminé, membre d'une communauté et distinct des étrangers. Il arrive que l'on s'identifie à tel point au groupe auquel nous appartenons que notre survie semble dépendre de celle du groupe en question. Nous pouvons, par exemple, nous identifier à une histoire, notamment à celle des personnes persécutées ou opprimées, et la déclarer nôtre par esprit de solidarité vigilante. Mais le risque encouru est alors de confondre notre propre identité avec celle du groupe. L'identification peut être confortable, mais nous faisons ainsi l'économie d'un détour nécessaire : la découverte de nous-mêmes. Car les êtres humains sont, du fait de leur conscience, des objets de réflexion pour eux-mêmes : l'identité humaine n'est jamais donnée une fois pour toutes ; elle ne s'enracine pas quelque part. Ce qui peut arriver de mieux à celui qui cherche son identité, c'est de découvrir la liberté de son être.

Une telle liberté permet de modifier son rapport à ce que l'on est sur le plan de la nature ou de l'histoire. Modifier, par exemple, son rapport à la « négritude », au sens où l'entend Léopold Senghor, revient à l'investir d'une signification universelle. Ce que l'on saisit alors est que ce que l'on prenait à tort pour soi-même – des croyances, des modes de vie ou des marques physiques –, constitue en réalité ce qu'il y a de plus impersonnel en soi. Il ne s'agit en aucun cas de postuler une identité abstraite et anonyme, voire indifférente à toutes les relations sociales qui jalonnent l'existence humaine. Être soi s'accompagne nécessairement du sentiment d'appartenance à un groupe. Mais se sentir Français ou Italien, juif ou chrétien, ne résume pas notre identité, qui serait alors close, exacerbée et rivée le plus souvent à des passions haineuses et destructrices.

---

1. René Descartes, *Discours de la méthode*, Flammarion, 2000.

Que serions-nous si notre seul horizon était nous-mêmes, si nous revendiquions une identité personnelle au sens privatif du terme, c'est-à-dire en excluant ce qui pourrait nous ouvrir à la différence ? L'identité serait alors frileuse, à l'image de ce « taupoïde » qui décrit méticuleusement sa demeure-forteresse enterrée, dans une nouvelle de Kafka, *Le Terrier*[1] : ce lieu de sécurité maximale devient celui de tous les dangers où le moindre bruit est persécution, le lieu où la paix du « chez soi » devient un tombeau mortel. C'est ainsi que l'exigence de protection qu'alimentent les sociétés de consommation est toujours plus importante, comme en témoigne le rôle croissant de l'immunologie dans les domaines social, juridique et éthique (cas du flux de l'immigration humaine). Si l'idée de communauté politique implique la rupture des barrières protectrices de l'identité[2], l'immunisation pratiquée par les sociétés de consommation apparaît comme la tentative de les reconstruire sous une forme défensive et offensive, contre tout élément externe susceptible de les mettre en danger. Il y a, à ce titre, une troublante ressemblance entre la focalisation de l'ego sur lui-même et l'obnubilation de certains pour leur groupe d'appartenance qui prend, la plupart du temps, des aspects xénophobes inquiétants.

Le moi n'est pas assigné à résidence

Dans ces conditions, il semble éminemment important de chercher, d'exercer et de préserver un contrepoids à la fixité d'une identité que l'on ficherait en soi-même comme dans un tiroir administratif. Ce contrepoids dépend de l'exigence de chacun ; il

---

1. Franz Kafka, *Le Terrier*, Mille et une nuits, 2002.
2. Le terme « communauté » (*communitas* en latin) dérive de *munus*, qui signifie un office que l'on doit accomplir en faveur d'un autre. À l'origine de l'idée de communauté, il y a donc quelque chose qui nous oblige envers les autres. En revanche, l'immunité, comme contraire de la communauté, est ce qui nous décharge de notre *munus* commun.

consiste à se tenir en deçà de toute identité constituée ou instituée, et, à plus forte raison, de toute identification. Découvrir son identité en termes de liberté, c'est résister à un tel alignement. C'est être capable de se concevoir autrement que sous les formes familières qui sont les nôtres.

Point n'est besoin d'entreprendre de grandes expéditions ou de se convertir à d'autres cultures. «*J'écris pour me parcourir*», disait Henri Michaux, qui n'élevait pas de frontière entre voyage imaginaire et voyage réel. Se parcourir suppose de pouvoir faire varier dans l'espace et dans le temps les formes de son identité, nécessairement multiples en raison des différents registres (professionnel, privé, amoureux, parental, etc.) où chacune s'exprime. Montaigne peut nous éclairer sur ce point, lui qui a conçu le projet de se peindre : « *Les traits de ma peinture ne fourvoient point, quoiqu'ils se changent et se diversifient. Le monde n'est qu'un branloire pérenne {…}. Je ne puis assurer mon objet. Je le prends en ce point, comme il est, en l'instant que je m'amuse à lui. Je ne peins pas l'être. Je peins le passage*[1]. »

L'instabilité qui semble caractériser le moi en rendant sa définition impossible invite à revoir la question de l'identité : il ne s'agit pas tant de savoir qui on est (ce qui incline à border le sujet dans les limites du connu), mais où l'on se situe. Où est Montaigne ? « *Je suis tout au dehors et en évidence, né à la société et à l'amitié.* » Chacun se situe relativement à un certain nombre de « *commerces* » qui l'exposent, le mettent en scène ou en jeu. Et c'est précisément dans ce passage d'un commerce à un autre que réside le moi, sans qu'aucun de ces commerces particuliers ne lui assigne une identité stable. C'est dans ce déplacement continu qu'il se retrouve, sans jamais s'être éparpillé. En somme, le moi qui nous constitue n'est pas codifié selon les relations sociales qu'il noue, pas plus qu'il n'est médusé par l'assurance de ses certitudes. En déclinant la

---

1. Montaigne, *Les Essais*, Gallimard, 1973.

diversité et la pluralité de nos rencontres, nous vibrons de ces lieux d'expériences qui peuvent devenir des points d'appui si nous nous appliquons à en faire bon usage. Ainsi, nous sommes d'autant plus nous-mêmes que, selon l'expression de Montaigne, « *nous ne nous suivons pas incessamment*[1] ». De même que ce que peut un corps se mesure à la diversité de ce que l'on peut en faire, le moi s'enrichit tant qu'il n'adhère pas aux reflux de sa propre histoire.

Ce que nous apprend Montaigne — et ce serait se méprendre que d'interpréter l'idée de passage comme un papillonnement à tout vent —, est que la grande richesse du moi est de « *savoir s'appliquer à divers usages* ». Être soi, être libre, se déprendre de soi, cela prend du temps, cela requiert patience et discernement, mais aussi de l'humour sur soi. Et Paul Valéry d'ajouter : « *"Comment peut-on être Persan ?" La réponse est une question nouvelle : "Comment peut-on être ce que l'on est ?" À peine celle-ci venue à l'esprit, elle nous fait sortir de nous-mêmes {…}. L'étonnement d'être quelqu'un {…} ; tout ce qui est social devient carnavalesque ; tout ce qui est humain devient trop humain, devient singularité, démence, mécanisme, niaiserie {…}. Mais pour obtenir cet écart et ce puissant émerveillement, et le rire, et puis le sourire {…}, il existe un moyen très simple {…} — voilà le moyen littéraire. Entrer chez des gens pour déconcerter leurs idées, leur faire la surprise d'être surpris de ce qu'ils font, de ce qu'ils pensent, et qu'ils n'ont jamais conçu différent*[2]… »

En développant le lien entre le fait de devenir à la fois conscient et ami de soi-même, on comprend désormais qu'une telle amitié nécessite de ne pas assigner son moi à résidence mais, au contraire, de l'ouvrir et de le polir « *à divers usages* », contre tous les démentis sociaux éventuels. Or, la familiarité que nous avons avec

---

1. *Ibid.*, livre III : « *Il ne faut pas se clouer si fort à ses humeurs et complexions* […] *les plus belles âmes sont celles qui ont plus de variété et souplesse.* »
2. Paul Valéry, *Œuvres*, Gallimard, 1980.

nous-mêmes tend à alimenter notre morgue arrogante ou encore complaisante.

Finalement, la familiarité éloigne.

———————— **Les bonnes attitudes** ————————

Pour vous voir et voir le monde, il faut prendre une distance avec tout ce qui vous est familier et continuer d'apprendre. Apprendre, c'est se mesurer à soi-même et non plus aux autres seulement ; c'est aussi faire preuve d'une certaine souplesse intellectuelle et morale. Aussi, soyez curieux et efforcez-vous d'apprendre. Cela mettra en joie votre personne, mieux disposée à s'émerveiller de tout ce qui s'offre à elle, si tant est qu'elle le voit.

Que voyons-nous ?

Les choses nous apparaissent, mais comment les voyons-nous ? Et même, est-ce que voir se réduit d'abord à voir des choses ? Les choses parfois occupent, et ainsi encombrent notre vision, ne serait-ce que la profusion des panneaux publicitaires qui découpent notre horizon. L'art, et particulièrement la peinture, permet de suspendre pour un temps l'identification entre le réel et les choses, qui conduit à croire que sans les choses, il n'y aurait rien.

Être sensible et attentif à ce qui apparaît, voir sans que rien ne vienne affaiblir le regard, telle est la vision de l'artiste. Être et paraître se rejoignent alors parce que, selon Paul Klee, l'art n'imite pas le visible, il « *rend visible*[1] ». La vision reprend son pouvoir fondamental de manifester, de montrer plus qu'elle-même, de même que « *toute chair rayonne hors d'elle-même*[2] ». On comprend mieux alors la démarche de la peinture dite « abstraite », en ce

1. Paul Klee, *Théorie de l'art moderne*, Gallimard, 1998.
2. Maurice Merleau-Ponty, *L'œil et l'esprit*, Gallimard, 1985.

sens qu'elle retranche les choses pour mener « à la plénitude du visible[1] ». « *Ôtez toute chose que j'y voie* », dira Paul Valéry[2], de manière que ce qui apparaît, enfin soit.

--------------------- **Les bonnes questions** ---------------------

Les choses apparaissent, et c'est pour notre plus grand plaisir quand elles chatoient de couleurs ou exhalent des parfums qui nous exaltent. Y êtes-vous sensible ou cela vous paraît-il tout à fait banal ?

Comment agrémentez-vous votre quotidien ? Cherchez-vous à le magnifier par le soin apporté à la décoration, tel l'oiseau de satin qui embellit son nid d'éléments bleus, pour le rendre aussi attrayant que son plumage ?

Une chose est sûre, nul n'est indifférent aux effets que les choses produisent sur soi, puisque nul ne peut se dire extérieur au monde. Mais vos manières à vous d'apparaître, à vos yeux et à ceux des autres, souvent jouent des apparences : qui ne cherche pas à paraître ? Et voilà la question : paraître pour qui ? Dans quel but ? Et à quel prix ?

Qu'est-ce qu'apparaître ?

Parler de la vue n'est pas sans conséquences quand on sait que ce qui se montre à l'œil ou à l'esprit est aussitôt jugé, évalué et comparé. L'apparaître des choses n'est jamais perçu de manière neutre, parce que ce que l'on voit est imprégné d'autres visions, vraies ou fausses, réelles ou illusoires, qui ont forgé notre sensibilité et nos façons de voir. C'est ainsi que celui qui voit pour la première fois des tournesols les percevra différemment selon qu'il a vu *Les Tournesols* de Van Gogh, ou selon la représentation imaginaire qu'il s'en est faite d'après des descriptions botaniques. Si le tournesol se

---

1. C'est le titre de l'essai de Jean-Michel Le Lannou, *Soulages, La plénitude du visible*, Kimé, 2001.
2. Paul Valéry, *Monsieur Teste*, Gallimard, 1978.

montre selon son apparaître de tournesol, avec ses particularités propres, l'apparence qu'il revêt pour chacun n'est pourtant pas la même : entre son apparaître de tournesol (l'ensemble de ses attributs) et son apparence (le fait qu'il soit perçu de façon particulière par tel ou tel individu), il y a un écart. Cet écart dans nos manières de percevoir se creuse encore lorsque les références culturelles de chacun ne sont pas les mêmes.

Les perceptions sont donc déjà des opinions, à la fois subjectives et communes. Or, le propre d'une opinion est de ne pas s'en tenir à ce qui apparaît, mais d'y ajouter ou d'y soustraire des éléments selon son gré. Par exemple, nous aurons une vision dégradante du serpent si nous appartenons à la culture judéo-chrétienne dont nous véhiculons, malgré nous, les façons de juger, voire les préjugés, contre lesquels lutte en partie le biologiste, libéré des jugements de valeur. Il convient de rappeler, à ce titre, la richesse sémantique du terme grec *doxa* (opinion), qui désigne à la fois un sens objectif, ce qui apparaît, et un sens subjectif, la valeur ou la croyance imputée à une chose. L'amplitude du sens brouille les pistes de traduction puisqu'il embrasse aussi bien l'apparence trompeuse que l'apparition dans toute sa splendeur (et *doxa* signifie alors la gloire), l'idée admise (c'est alors la norme, la réputation) que l'illusion (la tromperie, le faux-semblant).

Le carnaval des relations sociales

Le piège de la comparaison

L'apparence est loin d'être facilement saisissable. Toutefois, c'est elle qui nous fait parler et tenir des discours bigarrés, voire contradictoires, à propos des choses qui nous entourent. Ces choses que nous ne nous lassons pas de commenter, en particulier, ce sont les êtres humains.

S'il y a un philosophe qui s'est attardé sur le rôle social des apparences, c'est sans conteste Rousseau. Le fait est que, par une étonnante inversion, les relations humaines ne vont retenir de l'apparence que son sens péjoratif – masque, mascarade, suspicion –, comme si les apparences étaient forcément trompeuses et qu'elles dérobaient l'être supposé « profond » et authentique de l'individu. Qu'est-ce qui explique une telle inversion, ou, du moins, un tel conflit entre l'être et l'apparence ?

Ce qu'il y a d'intéressant et de toujours actuel dans l'analyse de Rousseau, c'est que les relations humaines se nouent toujours sur fond de comparaison. Et sur ce point, il poursuit la critique des mœurs sociales menée par les grands moralistes du XVIIe siècle, comme La Bruyère qui souligne : « *Nous n'approuvons les autres que par les rapports que nous sentons qu'ils ont avec nous-mêmes ; et il semble qu'estimer quelqu'un, c'est l'égaler à soi*[1]. »

Égaler, le mot est dit : la comparaison n'est plus d'ordre arithmétique ($1 + 1 = 2$), mais social. L'égalité, l'infériorité et la supériorité deviennent des jugements de valeur efficaces pour évaluer l'être de chacun. Or, puisque nous ne pouvons mesurer que des effets visibles, c'est l'apparence, en vertu de sa visibilité immédiate, qui sera jugée.

Toute société humaine, en raison des normes qu'elle édicte, fonctionne par comparaisons. Ainsi, des différences physiques ou intellectuelles peuvent devenir des critères de distinction très utiles pour asseoir un ordre social et assigner à chacun places et fonctions. La différence se change en inégalité, et c'est ainsi qu'un imbécile inculte peut narguer un homme sage, ou encore « *un enfant commander à un vieillard*[2] ». L'argumentation philosophique de Rousseau dénonce l'artifice et l'oppression des inégalités sociales. Pourquoi ? Parce qu'elles se fondent sur le jeu des apparences, et surtout sur des apparences qui ne renvoient plus à rien : elles

---

1. Jean de La Bruyère, *Les caractères*, Flammarion, 2004.
2. Jean-Jacques Rousseau, *Discours sur l'origine et les fondements de l'inégalité parmi les hommes*, Gallimard, 2006.

© Groupe Eyrolles

se réduisent à un pur « paraître ». Ainsi, éloquence, ruse, prestige, etc. sont autant de puissances à valeurs uniquement sociales, c'est-à-dire morale et politique. Ce souci du paraître, Rousseau le nomme « amour-propre ». Voici la définition qu'il en donne : « *Un sentiment relatif, factice, né dans la société, qui porte chaque individu à faire plus de cas de soi que tout autre, qui inspire aux hommes tous les maux qu'ils se font mutuellement, et qui est la véritable source de l'honneur*[1]. »

Dans la société, l'homme n'est que ce qu'il paraît, si bien que naissent en lui des désirs presque exclusivement fondés sur la rivalité avec autrui et amplifiés par la société elle-même. L'amour-propre est l'expression d'un imaginaire social. De la même façon, la publicité et les médias dictent aux hommes, sans qu'ils s'en aperçoivent, ce qu'ils doivent désirer pour être « à la mode », pour « faire bonne impression » ou avoir quelque « standing ». Ce sont, selon l'expression de Platon, des « *faiseurs de prestiges* » qui concourent à produire une interprétation de la réalité, adoptée par la plupart comme étant *la* réalité, parce que c'est celle dont on parle.

Se distinguer au risque de se perdre

Le sociologue Pierre Bourdieu analyse, autour du concept de « distinction », cette volonté de se distinguer socialement, entendant par là l'ensemble des jugements de valeur dont l'homme se réclame et qui n'ont pourtant aucun fondement réel. Cela n'est pas sans rappeler la polysémie caractéristique de la *doxa* : vêtements, fréquentations, activités dites « culturelles », objets de luxe sont des signes de puissance, de gloire, de réputation et d'illusion bien plus que des objets utiles. Ainsi, des individus matériellement défavorisés ou socialement peu considérés en viennent à négliger leurs besoins fondamentaux (alimentation, santé) pour des désirs

---

1. *Ibid.*

purement sociaux. Ils tombent alors dans le piège de l'apparence (acheter à crédit jusqu'à se ruiner), comme si ces signes extérieurs de distinction regorgeaient par eux-mêmes de pouvoir et d'éclat. Seulement, c'est un fait vérifié que le pouvoir se fortifie par l'apparence qu'il se donne : l'homme se fie davantage à un costume ou à une décoration, et les apparats d'un pouvoir politique semblent sans conteste conférer un vernis de respectabilité. « Tout cela n'est qu'apparence », comme on aime à se le dire, mais que d'effets réels conséquents !

Comme le remarque Rousseau, une fois que nous sommes prisonniers du jeu des apparences, nous risquons de perdre notre être, réduits à un reflet miroitant de faux-semblants : « *Il fallut pour son avantage se montrer autre que ce que l'on était en effet {...}. Être et paraître devinrent deux choses tout à fait différentes, et de cette distinction sortirent le faste imposant, la ruse trompeuse et tous les vices qui en sont le cortège*[1]. »

On retrouve le risque évoqué précédemment de ne pas « rentrer chez soi » et de fuir le rapport à soi-même. Prisonnier de l'apparence, on devient incapable de saisir l'unité réelle, la consistance de quoi que ce soit : on ne saisit du monde que ses multiples apparences qui offrent autant d'occasions d'être manipulé, et de soi-même on n'appréhende qu'une succession d'états ou d'humeurs changeantes. Il est donc temps de s'interroger sur ce qui permet d'unifier le moi, c'est-à-dire de le rendre autonome, au sens philosophique du terme.

─────────── **Les bonnes attitudes** ───────────

Soyez vigilant : soignez, certes, votre image, mais n'en devenez pas l'esclave. Car ce rapport faussé au monde peut faire que vous n'appréhendiez de vous-même qu'une succession d'états ou d'humeurs changeantes et peu satisfaisantes, à la fois pour vous et pour les autres.

─────────
1. *Ibid.*

Une telle dispersion peut expliquer que vous ayez peur de vous confronter à vous-même, puisque vous n'avez pas eu un réel souci de vous-même. Il est donc temps de vous interroger sur ce qui permet d'unifier votre moi, c'est-à-dire sur ce qui le rend autonome.

« Aie le courage de penser par toi-même[1] ! »

S'il convient, à un moment donné, de prendre le temps de la réflexion afin de se poser mieux et plus fermement dans son existence, il faut exercer sa raison tant pour amender ses habitudes de penser que ses façons d'agir. Or, la plupart du temps, nous utilisons la raison comme un moyen – fort efficace d'ailleurs – pour obtenir ce que nous désirons. Au service de nos appétits, elle est alors ce calcul qui permet d'ajuster les moyens aux fins visées. Mais la raison détermine aussi la dimension morale de notre existence. C'est elle qui nous rappelle le sens du devoir. Celui-ci ne consiste pas à appliquer des recettes qui nous éviteraient de penser à ce que nous devons faire. Il limite la volonté à une condition suprême : quoi que je veuille, je ne dois pas réduire l'humanité en moi et en autrui au simple rang de moyen pour autre chose. Il s'agit de respecter sa dignité d'être humain et celle des autres. Tel est le sens de « l'universalité pratique » qui pose la question pratique par excellence : « Que dois-je faire[2] ? »

---

1. C'est l'impératif des Lumières : *sapere aude* (« aie le courage de savoir ») emprunté au poète latin Horace. Cette maxime a été choisie en 1736 par les « Amis de la vérité » qui ont fondé une société pour la diffusion des philosophies de Leibniz et de Wolff. Elle résume notre devoir d'humanité qui consiste à prendre en main notre propre pensée.
2. Une action est pratique quand elle procède d'une volonté libre et qu'elle est morale selon la définition de Kant qui reprend à son compte l'impératif des Lumières. Est morale une action dont je peux universaliser le principe. Par exemple, l'action qui consiste à ne pas mentir est morale si je n'y fais moi-même aucune exception (moi-même je m'interdis de mentir).

--------- **Les bonnes questions** ---------

Nous avons toujours besoin des services d'autrui, et considérons certains comme allant de soi : ne vous est-il pas arrivé de ne pas saluer un chauffeur de bus en le considérant surtout comme un moyen d'exécuter des tâches, voire de les exécuter comme bon vous semble (griller un feu si vous êtes en retard) ? De même, si vous pensez que toutes ces idées (respect, justice, égalité, etc.) sont bien belles, mais que, dans la pratique, elles sont irréalisables, cela vous dispense-t-il au fond d'être juste, respectueux, équitable, etc. ? Si vous n'étiez plus tenu à rien, réciproquement, songez que les autres non plus. Voudriez-vous vivre dans un tel monde ?

Rappelez-vous, le monde que vous habitez est aussi à votre image.

Conquérir sa dignité, c'est se hausser à l'universalité

L'autonomie qui consiste à dire « je » et à comprendre l'autre comme un « je » dont il est l'égal nécessite l'exercice de la raison. C'est la raison qui permet d'accéder à l'autonomie véritable, celle qui libère l'homme de la clôture de son ego et de ses impulsions égoïstes en lui conférant à la fois un rang et des semblables : il est libre, égal, fraternel. À l'inverse, ce qui est de l'ordre des impulsions ou passions prend la forme d'une agitation excessive. Or, l'agitation est, le plus souvent, signe de passivité : quelque chose se modifie en nous dont nous ignorons la cause réelle et qui nous fait réagir plutôt qu'agir. L'idée d'avoir subi une offense, par exemple, couplée au désir de se venger, déclenche la rage ou la colère. Autrement dit, nous réagissons à l'influence que les choses ont sur nous et, approuvant cette réaction, nous ne la freinons ni ne la corrigeons. Pire, nous la prenons comme une mesure absolue pour juger la réalité des choses. C'est ce qui explique un centrage autour de ce que nous ressentons dans l'instant, ratifiant pleinement toutes les interprétations que nous nous donnons.

Cicéron désigne ces mouvements tourbillonnants et saccadés de l'âme en prise avec ses passions égoïstes par le terme « *perturbationes* » (*perturbatio* au singulier), parce qu'ils troublent la raison et rendent l'individu inconstant. Sa traduction (terme grec *pathos* traduit par le terme latin *perturbatio*) infléchit le sens du côté de la physique du mouvement : en physique, ce qui tombe ne peut pas s'arrêter à mi-chemin, ce qui glisse ne peut pas remonter la pente. Il est donc impératif de forclore ces impulsions en amont, puisque de tels mouvements ne peuvent être dosés. Qui voudrait plonger dans un courant qui l'entraîne au large ou faire un saut dans un précipice ?

L'individu, à l'heure actuelle, est invité à se prendre comme unique référence, comme s'il suffisait d'être spontanément soi pour s'accomplir en prétendant être « autonome ». Cette idéologie célèbre une liberté fallacieuse qui consiste à penser que se soumettre à ses désirs serait accomplir *sa* vérité et *sa* liberté. S'exprimer reviendrait à instaurer la tyrannie de l'authenticité et du vécu, dont la seule norme est l'émotion-sensation, identifiée sans contestation possible au réel, et pour cela considérée comme véridique. D'être intense n'empêche pas le sentiment d'être pauvre.

Nous vivons dans un monde en crise de représentation, comme l'analyse Daniel Bougnoux[1]. Dans une société où l'individu est sommé de s'autoconstruire, être libre signifie être libéré des contraintes de la raison et être incité à suivre les sollicitations – les manipulations – de ses désirs et du marché qui se complaît à les

---

1. « *Si la démocratie, dans son concept classique, se réclamait d'une scène et d'un espace de débat appelés représentation (nationale, médiatique, idéologique...) {...} la multiplication des spots, des écrans, des sites et {...} l'émiette de mille façons ; la dépolarisation de l'attention est devenue la règle, la convergence une exception {...}, la scène à l'âge du "Loft", c'est ce que l'on prend d'assaut, fût-ce pour le quart d'heure de notoriété "warholien", et ce dont à la même vitesse on se trouve éjecté.* » (*La crise de la représentation*, La Découverte, 2006.)

satisfaire. Cela revient à oublier que la liberté est orientée par la raison. C'est la raison, une fois institutionnalisée par des lois et des droits dans une société donnée, qui rend possible l'autonomie de l'individu en même temps qu'elle permet à chacun de vivre ensemble, dans l'exercice d'une liberté intime et collective. Par conséquent, l'autonomie en tant qu'affirmation de soi à laquelle nul ne peut se substituer n'est en rien comparable au rêve enfantin de toute puissance. Lorsque Descartes écrit qu'il veut bâtir un « *fonds qui lui soit propre* », ce n'est pas pour imposer un ego qui serait chéri par ses soins : un tel ego doit, au préalable, avoir reçu, étudié et s'être approprié ce qui le lie à tout ce/ceux qui l'a/ont précédé. Ainsi seulement il sera capable de formuler le projet d'un « je » universalisable, c'est-à-dire un « je » qui s'adresse à la raison partagée par tous, quand bien même elle n'œuvrerait pas également chez tous.

Indépendance et autonomie

Il ne faut pas confondre indépendance et autonomie. Alors que l'indépendance a un sens matériel (par exemple, être indépendant financièrement), l'autonomie consiste à vouloir quelque chose de raisonnable librement, c'est-à-dire en n'étant déterminé que par soi. Dans un cas, le souci se porte sur un affranchissement toujours plus large de toute relation jugée contraignante et repose sur l'égoisme ; dans l'autre, il s'agit d'agir en étant au plus près de ce que nous dicte la raison selon son exigence d'universalité. L'adolescent revendique avec ardeur son indépendance qu'il fait dépendre de l'affranchissement de l'autorité parentale, considérée comme la contrainte la plus pesante. Il pourrait se donner les moyens de construire sa propre existence en faisant des contraintes une occasion de s'affirmer réellement, et non pas de manière illusoire. Ainsi en est-il de l'illusion de la colombe, dont parle Kant, qui croit qu'elle volerait plus facilement sans la contrainte de la résistance de l'air.

Être autonome c'est donc agir selon une raison partagée par tous, universelle. Une maxime – règle d'action – exigible universellement est celle qui consiste, dans chaque action, à considérer autrui toujours comme une « fin en soi », et jamais seulement comme une chose à notre service[1]. Cette prise de conscience est la condition de l'action morale. L'individu se transforme sinon en exécutant, toujours disponible pour obéir aux ordres : c'est le règne du « on » où personne n'est fiable.

Il peut arriver qu'à force de vouloir ou de revendiquer une indépendance, on devienne difficile à vivre, puisque la vie, c'est nécessairement du lien avec un passé, des traditions, mais aussi avec des individus rencontrés ou des projets formulés (qui ne sont pas toujours ceux que nous avons décidés). Ce que cherche chacun spontanément, c'est d'abord l'indépendance qui miroite des mille feux d'une liberté absolue[2], où le moi se voit soudain omnipotent, sans réserve aucune, ne dépendant plus que de lui-même, à l'instar d'un dieu. L'indépendance, par conséquent, est une quête de puissance qui repose, *in fine*, sur l'égoïsme du moi. C'est pourquoi, tout en étant légitime, cette quête d'indépendance doit s'accompagner d'une interrogation morale qui la conditionne à ne pas servir le pire, mais à être fiable et sincère, parce que motivée par le respect de soi.

---

1. La maxime morale énoncée par la volonté autonome qui se soumet librement à la loi de la raison afin d'agir moralement est la suivante : « *Traiter l'humanité en ma personne et en la personne de tout autre toujours en même temps comme une fin, et pas simplement comme un moyen.* » (Emmanuel Kant, *Fondements de la métaphysique des mœurs*, Delagrave, 1971.)
2. Selon l'étymologie, *absolutus*, « sans lien » (*ab-solvere*).

--------- **Les bonnes attitudes** ---------

Ne confondez pas autonomie et indépendance, au risque d'être aimable ou, au contraire, détestable. Être autonome, c'est faire sien l'universel.

Faire sien l'universel, ce n'est pas s'en remettre à des formules creuses (« le bien de l'humanité », « la pureté de la race » etc.) dont on connaît les ravages.

Vous devez rester libre de vos décisions et penser par vous-même avant de vous subordonner à la loi morale. Les grands criminels contre l'humanité détournent le sens de l'action morale afin de se disculper de toute responsabilité, comme en témoigne de façon exemplaire le cas Eichmann analysé par H. Arendt[1].

Placer la loi à la place du « je », c'est se délester de toute responsabilité. Il importe de se reconnaître comme l'auteur de nos actions : soi-même et personne d'autre.

Être pleinement soi

L'être humain se caractérise par le fait qu'il s'interroge sur sa propre existence et sur la manière de la vivre. Il peut réussir à s'affirmer ou sombrer dans l'anonymat du « on » et dans l'inauthenticité des relations quotidiennes. Mais il y a toujours des moments, hors de tout repère temporel, au cours desquels advient, contre toute attente, une coïncidence parfaite avec soi-même. Ce sont des moments de bonheur parce qu'ils ne « *laissent dans l'âme aucun vide qu'elle sente le besoin de remplir* », comme le note Rousseau en témoignant de l'expérience privilégiée qu'il a faite de cet état à l'île Saint-Pierre : « *De quoi jouit-on dans une pareille situation ? De rien d'extérieur à soi, de rien sinon de soi-même et de sa propre existence {…}. Le sentiment de l'existence dépouillé de toute autre affection est par lui-même*

------

1. *Eichmann à Jérusalem, Rapport sur la banalité du mal*, Gallimard, 1966.

un sentiment précieux de contentement et de paix qui suffirait à lui seul pour rendre cette existence chère et douce[1]. »

Une telle expérience est censée affirmer notre être, et nous chercherons sans doute à la vivre à nouveau parce nous y aurons trouvé une « assiette » assez solide, une assise – bref, une position. Pour autant, le problème de s'y tenir ou de s'y maintenir reste ouvert.

─────────── **Les bonnes questions** ───────────

Essayez de retrouver ce sentiment intime de coïncidence parfaite avec vous-même. L'avez-vous déjà éprouvé ? Qu'est-ce qui le caractérise ? La coïncidence avec soi rend-elle plus présent au monde ou permet-elle de s'en échapper ? Qu'est-ce qui occasionne de tels moments ? En êtes-vous l'auteur ou adviennent-ils par hasard ?

Encore faut-il y être réceptif. Demandez-vous alors si ces moments sont synonymes de bonheur.

Se résoudre à l'instant

Pour pouvoir connaître des moments de pure coïncidence avec soi-même, il est nécessaire de ne plus se situer selon la linéarité du temps, qui va du passé vers le futur. Mieux vaut éviter, autant que possible, d'orienter ses pensées tant vers un passé que l'on pourrait regretter (mélancolie ou honte), que vers un futur que l'on chercherait à anticiper et qui deviendrait cause de tourment. C'est, au contraire, l'instant qu'il convient de privilégier et sur lequel nous devons nous concentrer.

Il pourrait être tentant de provoquer un sentiment de plénitude en ayant recours aux « paradis artificiels » dont parle Baudelaire à

─────────

1. Jean-Jacques Rousseau, *Les rêveries d'un promeneur solitaire*, Flammarion, 2006.

propos de l'opium[1]. Mais, dans ce cas, nous ne ferions qu'oublier et fuir une réalité jugée trop pesante. La coïncidence avec soi-même n'est possible que si nous restons présent à ce qui nous entoure : comment croire que notre présent puisse être intensifié si nous cherchons, à tout prix, à le vider de notre être ? Fuir, c'est s'absenter. Provoquer ce sentiment de coïncidence – par des drogues, ou encore en nous efforçant de reproduire des événements singuliers qui nous ont plu – manifeste, en réalité, notre impuissance à accueillir les choses et à être heureux.

Finalement, loin de vivre les moments de bonheur tels qu'ils se présentent, nous redoutons leur caractère éphémère. Nous nous réfugions dans le domaine du possible, pensant que ce qui est déjà advenu peut se produire à nouveau. Or, par la représentation du possible, nous cherchons à étendre un pouvoir sur des choses qui ne dépendent pas de nous, dans la mesure où elles sont contingentes, c'est-à-dire hasardeuses. Ce qui est contingent peut ou non se produire et rien n'indique plus une possibilité que l'autre. Par exemple, cette ville qui nous a enchanté peut ou non nous enchanter à nouveau, cette personne peut ou non nous dire encore ce mot qui nous fit tressaillir, et ce poème peut ou non continuer à nous plaire… Être heureux ? C'est possible, à condition de ne pas attendre que ce qui s'est produit aujourd'hui se réalise également demain. Si certaines choses nous rendent nécessairement heureux, il n'y a aucune nécessité qu'elles adviennent comme nous le désirons.

La disposition intérieure est donc déterminante. Être capable d'accepter ce qui advient comme tel, sans y projeter l'ombre d'un manque ou d'une déception, c'est faire preuve d'une force intérieure. Celle-ci consiste à combattre les opinions qui nous troublent au lieu de nous y soumettre, et d'être alors dans l'impossibilité de

---

1. Charles Baudelaire, *Les paradis artificiels*, Gallimard, 2007.

vivre dans l'instant, quel qu'il soit. En effet, le caractère aléatoire des événements extérieurs, à savoir le fait que nous ne pouvons ni anticiper, ni prévoir, ni tout maîtriser, sollicite notre capacité à les accueillir sans rien attendre en retour. Cela signifie que le bonheur n'est ni permanent ni « tout fait ». Dire, par exemple, qu'une personne jouit d'une vie heureuse parce qu'elle a une bonne situation professionnelle ou parce qu'elle a des enfants serait un contresens : ce serait, d'une part, imputer au bonheur un contenu déterminé à l'avance, et, d'autre part, penser qu'il n'y a qu'une seule façon d'être heureux (dans ce cas, être socialement reconnu ou avoir une famille).

Dans tout jugement, gardons nos distances !

L'inadéquation entre soi et ce qui advient s'explique le plus souvent par les représentations faussées que l'on se fait des choses. En effet, nous ne percevons pas les choses en elles-mêmes, mais toujours en fonction de jugements de valeur qui nous les font considérer comme agréables ou désagréables, aimables ou détestables. Nous interprétons la réalité selon les effets qu'elle produit sur nous. La morale stoïcienne, en particulier, a mis l'accent sur la nécessité impérieuse d'un travail sur nos représentations ; nous devons nous discipliner afin de ne pas y adhérer immédiatement et absolument. Épictète rappelle ainsi que « *ce qui trouble les hommes, ce ne sont pas les choses, mais les jugements qu'ils portent sur les choses*[1] ».

Nos jugements, pétris de préjugés et d'imaginaire (tant personnels que collectifs), travestissent la réalité par les évaluations constantes qu'ils opèrent. Ces évaluations, subjectives et singulières, prennent volontiers l'allure de l'objectivité : nos jugements personnels nous semblent valoir pour tout le monde, alors qu'en

---

1. Épictète, *op. cit.*

réalité, ils ne cessent de varier, et donc, de se contredire. Comme le souligne encore Épictète, « *Exerce-toi donc d'emblée à ajouter à toute représentation pénible : "Tu n'es qu'une pure représentation et tu n'es en aucune manière ce que tu représentes"*[1] ». Autrement dit, il ne faut pas croire, parce que nous éprouvons tel ou tel sentiment, que la chose qui l'inspire le mérite. Par exemple, lorsque nous aimons une personne, nous lui attribuons toutes les qualités du monde, croyant que ce jugement est partagé par tous, ce qui n'est évidemment pas le cas, car la chose diffère de la représentation que l'on s'en fait. Nous sommes ainsi la cause de ce qui nous trouble, nous contrarie et nous dessille. En ce sens, pouvoir être pleinement soi-même suppose une prise de distance par rapport à ses jugements de valeur. Comme le dit La Bruyère, « *ces mêmes défauts qui, dans les autres, sont lourds et insupportables, sont chez nous comme dans leur centre. Ils ne pèsent plus, on ne les sent pas {...}. C'est dans cette juste distance que, nous paraissant tels qu'ils sont, ils se feraient haïr autant qu'ils le méritent*[2] ».

--------- **Les bonnes attitudes** ---------

Prenez garde à ne pas devenir prisonnier des opinions d'autrui qui confisquent le jugement. Exercez-vous aussi à prendre du recul par rapport à vos jugements. La mise à distance vous sera précieuse car elle vous permettra de distinguer les jugements trompeurs des jugements fondés sur le travail de la raison. Elle vous aidera aussi à cerner ce qui peut participer de votre identité et à rectifier vos opinions quand elles sont encombrées de jugements de valeur. Vous n'en serez que plus libre !

----

1. *Ibid.*
2. *Op. cit.*

Je décide, donc je suis

S'il faut se méfier de ses propres jugements, il ne s'agit pas non plus de se départir de tout jugement, sous peine de renoncer à une conscience de soi faisant face au monde et se faisant face à elle-même. On peut, de ce point de vue, s'interroger sur la fascination qu'exercent les spiritualités orientales. Les exercices pratiques qu'elles proposent (respiration, yoga, etc.) invitent à « lâcher prise » en suspendant tout jugement afin de s'immerger dans le grand Tout de l'Être indifférencié. On se laisserait aller ainsi à la tentation de fuir le monde où, à chaque moment, des décisions s'imposent. Les sagesses orientales, en sublimant un sentiment d'appartenance ou de fusion avec la nature, visent une dépossession ou une déprise de soi : la pensée comme la volonté acquiesceraient à tout en se privant du jugement. Spiritualité éminemment paradoxale que celle qui consiste à nier volonté et pensée au profit d'une contemplation pure, capable de réintégrer l'esprit dans la nature. Il s'agit plus de sagesses, de visions du monde, de thérapies de l'âme que de spiritualités à proprement parler, si l'on entend par là l'élévation de l'esprit vers une conscience de soi.

La constance dans l'effort

Conscient de soi, l'esprit veut l'esprit, et cette exigence est la morale même, nous l'avons vu[1]. « *La morale consiste à se savoir esprit et, à ce titre, obligé absolument, car noblesse oblige* », souligne Alain[2].

Il convient de s'orienter vers ses choix de vie. Être cohérent avec soi-même revient à assumer ses choix par la constance grâce à laquelle notre vie est précisément nôtre. La constance, c'est l'effort que nous faisons dans notre vie pour nous approprier ce qui advient

---

1. Voir p. 26-27.
2. Alain, *Lettres à Sergio Solmi sur la philosophie de Kant*, Hartmann, 1946.

et ce qui nous affecte. Ce n'est pas la pression du temps qui détermine notre action, c'est notre action qui ordonne le temps à la mesure de ses propres exigences.

Persévérer dans cet effort de constance nous dispose à une vie plus libre : nous parvenons à appliquer au quotidien ce que nous avons compris. Mais ne confondons pas constance et indifférence. Nous croisons peut-être tous les jours des sans-abris dont la misère nous affecte. Ne cessons pas de les voir vraiment et de les laisser nous affecter à chaque fois, sous peine de nous leurrer sur notre supposée constance qui ne serait qu'indifférence.

--------- **Les bonnes questions** ---------

Cherchez-vous souvent des conseils auprès des autres avant de prendre vous-même une décision ? Trouvez-vous que les autres ont souvent raison dans ce qu'ils vous proposent ? Si vous suivez leurs conseils, avez-vous eu soin au préalable de choisir ceux auxquels vous vous adressez ? Votre décision n'est-elle pas déjà esquissée dans ces choix ? Accordez-vous de l'importance aux choix de vos amis ?

« Je suis ce que je choisis d'être »

Cet effort d'appropriation procure une certaine angoisse parce que nous prenons conscience que notre existence est entre nos mains : nous ne pouvons la déléguer à personne, sous peine de devenir étranger à nous-mêmes. L'angoisse manifeste ainsi que quelque chose d'incompréhensible nous taraude et nous interpelle. C'est que nous ne nous contentons pas d'être là, au même titre que tout ce qui nous entoure. Personne ne peut nous déposer quelque part, parce que c'est à nous de nous poser nous-mêmes.

Notre force, en tant que sujet, signe en même temps notre grande vulnérabilité, puisque nous sommes inexorablement face à nous-mêmes et à nos décisions. Or, si décision à prendre il y a, c'est que nous devons intervenir, que ce soit pour réaliser ce que nous visons, pour participer aux projets qui nous tiennent à cœur ou pour défendre une idée ou quelqu'un. Nombre de possibilités s'offrent à nous, mais le fait de choisir implique nécessairement de renoncer à certaines, habité peut-être par le regret de ne pas pouvoir les réaliser toutes à la fois. Ce faisant, nous imaginons toutes les options comme extérieures au choix lui-même, comme si elles précédaient notre action. Or, il n'y a aucun possible qui préexiste à notre décision : nous ne savons ce qui est possible qu'après avoir agi. Par un faux raisonnement, nous mesurons l'action accomplie à son fantôme de possible (qu'est-ce qui l'a rendue possible ?), alors que c'est elle seule qui a fait surgir des possibles. Si nous interrogeons un artiste sur sa prochaine œuvre, il ne pourra pas en parler parce qu'elle contient de nouvelles possibilités qu'il n'appréhende pas encore. L'action engage ainsi avec elle ses propres possibles, elle contient en elle-même des possibilités. C'est dans cette perspective que Sartre peut affirmer : « *Il n'y a pas d'obstacle absolu, l'obstacle révèle son coefficient d'adversité à travers les techniques librement inventées, librement acquises {…}. Ce rocher ne sera pas un obstacle si je veux, coûte que coûte, parvenir au haut de la montagne ; il me découragera, au contraire, si j'ai librement fixé des limites à mon désir de faire l'ascension projetée*[1]. »

Nous agissons, nous traçons des possibles et des impossibles, et, ce faisant, nous nous engageons à réaliser nos décisions. Mais qu'engageons-nous dans ces décisions ? Nous engageons ce que nous sommes, à ce moment-là, ainsi que ce que vous voudrions être par l'action particulière que nous projetons. En choisissant, par exemple, un métier que nous aimons, nous manifestons aux autres notre système de valeurs et notre choix de vie. Ainsi, nous ne savons plus, de l'un ou de l'autre, celui qui modèle et façonne

---

1. Jean-Paul Sartre, *L'être et le néant*, Gallimard, 1976.

l'autre. Autrement dit, nous débordons nécessairement les marges du présent puisque nous nous projetons vers un avenir que nous tentons de nous approprier. Habité par ce désir qui nous rappelle que nous sommes un être encore séparé de ce que nous projetons, nous faisons l'épreuve de l'inquiétude (nom classique pour désigner ce qui s'est vu par la suite qualifié d'« angoisse »).

Pourquoi avoir peur de s'engager ?

Loin d'être seulement un sentiment psychologique, l'inquiétude habite l'être humain parce qu'il est cet être en devenir qui a toujours la vie devant soi. L'inquiétude surgit avec la conscience du temps qui passe et l'impossibilité de coïncider pleinement avec soi-même en raison d'une existence tendue vers le passé, le présent et le futur, c'est-à-dire toujours vers un ailleurs.

Ce que nous ne sommes pas encore est ce que nous désirons être : « *L'homme est fondamentalement désir d'être* », écrit Sartre[1] – il est indissociablement projet et inquiétude. Diderot et d'Alembert voyaient, quant à eux, le désir comme « *une inquiétude que l'on ressent par l'absence de ce qui ferait plaisir* ». L'inquiétude serait, dans ces conditions, vite dissipée en présence de la chose censée être pourvoyeuse d'un tel plaisir ; elle serait ponctuelle, passagère et superficielle. Mais le propre de l'être humain est d'être en attente de sa propre réalisation : nous nous manquons toujours à nous-mêmes, bien que toute action entreprise soit une expression, plus ou moins adéquate, de ce désir de nous affirmer. En constant déséquilibre par rapport à ce que nous venons de réaliser – telle la sculpture de Giacometti intitulée *L'homme qui chavire* –, nous sommes toujours en avant de nous-mêmes, « *un projet de lui-même vers ce qu'il n'est pas encore*[2] ». Nous ne coïncidons jamais pleinement avec nous-mêmes. C'est là

---

1. *Ibid.*
2. *Ibid.*

notre différence avec les êtres qui sont parfaitement ce qu'ils sont, sans distance à eux-mêmes. Ainsi en est-il du bourgeon qui est déjà la rose qu'il doit devenir par sa seule croissance. Seul l'être humain voit dans son éclosion la réponse à une attente parce qu'il est lui-même en quête de son être et projette dans toute chose un manque à compléter. Un bourgeon n'appelle sa rose que pour une conscience tendue vers son accomplissement.

Par conséquent, l'action humaine montre que tout n'est pas tracé d'avance. Ainsi, et même si le contraire peut parfois nous tranquilliser, les possibilités envisagées ne dérivent pas de nous au même titre que dérivent du cercle ses propriétés. Nos choix ne se déduisant ni de notre caractère ni de notre « nature », ils dépendent de nous en ce que nous devons les inventer. C'est pourquoi certains, plus que d'autres, ont un coefficient de nouveauté qui nous révèle à nous-mêmes.

Certes, nous pouvons toujours chercher à fuir notre liberté et notre capacité à nous déterminer par nous-mêmes en alléguant que ce sont les circonstances extérieures qui décident pour nous. Toutefois, s'il reste une marge de décision, aussi étroite soit-elle, cela signifie que nous pouvons, d'une manière ou d'une autre, intervenir. Renier cette « marge de manœuvre », c'est faire preuve de mauvaise foi au sens où l'entend Sartre, c'est-à-dire dénier sa liberté pour éviter l'angoisse de la décision. La mauvaise foi est une forme de mensonge à soi-même : l'homme justifie sa propre lâcheté au point de préférer une illusion de confort au détriment de la liberté elle-même. Prendre conscience que toute décision engage ce que nous sommes, un certain visage de nous-mêmes auquel il importe de nous confronter, c'est aussi être sans cesse tenté d'y échapper en nous postant en spectateur de nous-mêmes. Comme le dit Épictète, « *je suis moi, là où est mon choix de vie*[1] ».

© Groupe Eyrolles

---

1. *Op. cit.*

—————————— **Les bonnes attitudes** ——————————

Engagez-vous. Ouvrez-vous, à partir du présent, aux horizons infinis du passé et du futur. Le présent vous invite en effet à revisiter votre histoire et à reprendre une idée qui était là avant vous, dont vous héritez et que vous rendez à nouveau vivante en vous l'appropriant à votre manière.

Penser que « rien n'est nouveau sous le soleil » parce que vous appartenez déjà à une histoire qui vous dépasse et que vous ne pouvez occulter ne peut en aucun cas justifier un désengagement de votre part. Si vous éprouvez un certain désespoir face à l'état actuel des choses (comme le ressentiront aussi ceux qui viendront après vous), ne baissez pas les bras pour autant.

C'est à votre tour de donner du sens à ce que vous faites et de permettre qu'il y ait des actions justes demain. À vous de vous singulariser dans ce monde qui vous appelle.

Inventer sa vie dans l'action

Nous sommes responsables de nos actions sans pour autant l'être de tout ce qui nous arrive. Ce qui importe est de se demander ce qui dépend de soi, car, parmi ces choses qui dépendent de soi, il en est qui commandent ce que nous allons être. Ce que nous sommes peut donc dépendre de ce que nous faisons, et c'est là ce que l'on nomme une « détermination de soi par soi », ou encore le fait d'être la « cause de soi » (*causa sui*). La *causa sui* est par essence réservée à la puissance de Dieu qui est simultanément vouloir et création. Il nous faut, quant à nous, passer par la décision qui initie nos actions et ourle notre futur de nos multiples interventions.

---------------- **Les bonnes questions** ----------------

Comme le dit le proverbe, « il ne faut pas remettre à demain ce que l'on peut faire aujourd'hui ». Pourquoi ? Parce que procrastiner, différer le moment, c'est risquer de manquer l'occasion où il fallait agir. Il est exact que ce que vous allez faire demain n'est pas déterminé encore, puisqu'il dépend de vous d'en décider. Toutefois, après-demain, il sera trop tard : les choses aujourd'hui indéterminées auront été entre-temps, et sans vous, définies. Alors à quand votre prochaine décision ?

Les tours et détours de l'action

Dès que nous essayons d'analyser nos actions selon leur progression logique ou chronologique, elles se figent en découpages, en ordre de cause à effet ou en enchaînements hasardeux, et nous paraissent finalement éminemment étrangères. Nous constatons qu'il y a une faille entre les actions que nous accomplissons et les descriptions que nous en faisons, si bien que nous nous éloignons de la personne vivante que nous sommes pourtant.

La description contraint à suivre la linéarité de la narration et c'est alors au lecteur ou à l'auditeur de saisir le mouvement d'ensemble, en dépassant les découpages successifs de chaque épisode. Une pièce de théâtre, par exemple, ne touche que si elle incite à dépasser la division des scènes pour saisir l'épaisseur indivisible de son déroulement : ce n'est pas trois heures avec l'entracte compris mais le temps où elle habite le spectateur, ce n'est pas un temps spatialisé et quantifiable mais cette attention particulière avec laquelle chacun retient ce qu'il vit de la pièce. En revanche, s'il cherche à décrire ce qu'il ressent, le spectateur en donnera sûrement une représentation spatiale qui s'éloigne de ce qu'il a réellement ressenti : il fera une chronologie des événements tels qu'ils se sont succédé afin de faire comprendre l'intrigue, mais il ne pourra pas dire simultanément ce que chacun exprime en intensité. Rappelons, par exemple, la gageure de certaines mises en scène destinées à être représentées plusieurs heures durant, voire une journée entière[1]. S'il s'agit d'une performance, le spectateur en retient autre chose que sa propre endurance physique.

Nous courons donc le risque, en essayant de prendre conscience d'une de nos actions, de la faire éclater en éléments multiples et de l'altérer définitivement. En cherchant à l'expliquer, nous la rendons de plus en plus prévisible, impersonnelle et sans intérêt. Bref, nous tentons d'analyser nos actions pour mieux nous appréhender, et nous nous trouvons, paradoxalement, face à une action dénuée d'âme. Néanmoins, nous savons reconnaître parmi nos actions celles qui expriment notre personne tout entière parce qu'elles nous ont marqué plus que toutes les autres. Connaître quelqu'un, soi ou un autre, ce n'est pas s'épuiser à reconstituer la totalité de son histoire, mais plutôt découvrir et discerner les actions qui ont eu, à ses yeux, valeur de révélation. De telles actions sont libres, « *puisque le moi seul en aura été l'auteur* », et cette « *manifestation extérieure {…} exprimera le moi tout entier*[2] ».

La valeur, témoin de nos actions

Ce que nous sommes, quand nous accomplissons un acte libre, est pour nous une surprise et aussi une certaine satisfaction. C'est l'action qui nous apprend qui nous sommes, pour autant que nous ne nous dérobons pas devant les périls extérieurs ou les risques intérieurs qu'elle nous fait courir. Comme l'écrit Vauvenargues[3], « *le monde est ce qu'il doit être pour un être actif, c'est-à-dire fertile en obstacles* ». Certes, il ne suffit pas, pour qu'un acte soit libre, qu'il

---

1. Il y a eu *Le soulier de satin* de Claudel dont le défi était de jouer la pièce sur plusieurs jours. En 1995, L. Perceval (directeur de la Toneelhuis d'Anvers) a adapté l'ensemble des pièces historiques de Shakespeare pour en faire un spectacle de onze heures, ce qui a provoqué l'enthousiasme du public et de la critique.
2. Henri Bergson, *Essai sur les données immédiates de la conscience*, PUF, 2007.
3. Cité par Auguste Comte dans *Cours de philosophie positive*, Hermann, 1990.

apparaisse comme une prouesse ou une performance isolée. La difficulté de toute vie tient à ce que des éléments importés du dehors s'agrègent à notre moi et finissent par faire notre identité : ils se soudent par le ciment de l'habitude ou de la pression sociale. La plupart de nos actions portent en elles quelque chose d'emprunté, alors que l'action libre que nous reconnaissons ou sentons (plus que nous ne l'analysons) est à elle-même sa propre norme et témoigne de ce que nous sommes réellement. Lorsque Auguste, dans la pièce de Corneille *Cinna*, fait preuve de clémence envers Cinna qui a pourtant conspiré contre lui, non seulement il l'élève moralement, mais il s'élève lui-même en se découvrant capable d'une telle grandeur d'âme, inattendue pour un empereur romain au passé sanglant. L'action libre répond à nos sentiments, à nos aspirations et à notre idée personnelle de l'être humain.

Nous comprenons ainsi pourquoi ces actes sont singuliers en eux-mêmes. Bergson les compare d'ailleurs aux œuvres de l'artiste : « *Nous sommes libres quand nos actes émanent de notre personnalité entière {…}, quand ils ont avec elle cette indéfinissable ressemblance que l'on trouve parfois entre l'œuvre et l'artiste*[1]. » Tenir à distance les automatismes qui font le triomphe du comportement habituellement adopté et inévitablement adapté, c'est inventer son action. Il s'ensuit alors des tensions, et cela à mesure que nous ne voulons pas y prendre garde, ou pire, que nous y résistons. Les moralistes du XVIIe siècle mentionnent cette peur qui nous fait repousser ces actes libres parce qu'ils nous exposent à la pleine lumière et peuvent nous fragiliser. Nous nous moulons le plus souvent sur ce qui se fait communément. En d'autres termes, nous répondons aux attentes d'une vie sociale exigeante et nous occultons une part de nous-mêmes, par commodité, lâcheté ou crainte.

Revenons à la figure de l'artiste telle que la décrit Bergson : « *Mais celui qui mettra le feu à toutes les conventions, celui qui méprisera l'usage*

© Groupe Eyrolles

---

1. *Op. cit.*

41

pratique et les commodités de la vie et s'efforcera de voir la réalité même, sans rien interposer entre elle et lui, celui-là sera un artiste[1]. » Il n'est pas facile, on le voit, d'être une personne libre.

Ce qu'il y a de commun entre l'action libre et l'œuvre d'art, c'est que nous faisons l'expérience respectivement de l'invention et de la création. De même que nous ne pouvons décider de ce qu'il y a à faire avant de nous y engager, une toile future ne se décide pas à partir de la précédente : l'action libre ou l'œuvre s'incorpore à l'ensemble de la vie, et chacune contribue à faire de l'individu respectivement une personne engagée ou un artiste. *« L'homme se fait »*, insiste Sartre[2], aussi bien quand il crée ses règles, à l'image du génie artistique que nul ne peut imiter, que lorsqu'il invente lui-même la loi de son action, à l'image de l'homme libre. À chacun d'inventer la solution aux problèmes qui se posent dans une situation particulière. *« La seule chose qui compte, c'est de savoir si l'invention qui se fait, se fait au nom de la liberté[3]. »*

Liberté et abus de pouvoir

Mais il y a plus : en nous engageant dans un projet de vie, nous engageons conjointement un certain visage de l'humanité : *« Il n'est pas un de nos actes qui, en créant l'homme que nous voulons être, ne crée en même temps une image de l'homme tel que nous estimons qu'il doit être[4] »*, écrit encore Sartre. L'action décidée n'engage pas uniquement son agent. Croire qu'il en est ainsi équivaut à agir en tyran, à l'instar du César de Shakespeare déclarant : *« Je suis maître de moi comme de l'univers »*, ne se fixant aucune limite puisque voulant plier toutes choses à sa volonté.

---

1. *Ibid.*
2. Jean-Paul Sartre, *L'existentialisme est un humanisme*, Gallimard, 1996.
3. Jean-Paul Sartre, *L'être et le néant, op. cit.*
4. *Ibid.*

Ce faisant, nous confondrions pouvoir et liberté. Si être libre implique l'exercice d'un certain pouvoir, ne serait-ce que celui de se mouvoir, la réciproque n'est pas vraie : le pouvoir dépend nécessairement de ce sur quoi il s'exerce, alors même qu'il se veut absolu et illimité. Dominer son auditoire par des paroles convaincantes tient seulement un temps, car l'auditoire a l'écoute vagabonde et des opinions très versatiles. S'adapter constamment à ce qu'il veut entendre et pouvoir l'anticiper définit le pouvoir ponctuel mais jamais définitif de l'orateur. Le pouvoir engendre alors une part de frustration et devient un rapport de forces, particulièrement quand il se focalise sur les personnes qu'il cherche à soumettre à titre d'objets, manipulables à souhait.

Nous voyons donc pourquoi pouvoir et liberté s'excluent : ceux que nous voulons soumettre ne le seront jamais totalement, et dominer quelque chose qui n'est pas libre, comme un objet ou un animal, ne peut aucunement satisfaire la soif de pouvoir. Si donc le pouvoir naît de la liberté qu'il veut s'accaparer, être libre consistera à se méfier de tout pouvoir. Le pouvoir n'est que l'asservissement d'une liberté momentanément soumise. Que vaut une liberté qui n'est que l'envers d'une servitude déguisée ?

──────────────── **Les bonnes attitudes** ────────────────

Vous n'êtes pas rivé à votre situation actuelle, et il vous appartient de vous y confronter pour la dépasser et vous projeter vers d'autres possibles que vous aurez vous-même inventés. À coup sûr, il existe des moments où une telle projection semble difficile au point de se sentir englué, paralysé, immergé dans une situation prégnante (maladie, deuil, dépression, etc.). Mais le fait d'être *dans* une situation particulière ne fait pas de vous un être qui serait le produit *de* cette situation-là.

C'est donc à vous d'inventer la solution aux problèmes que vous rencontrez, et d'avoir, par cet acte libre, un certain pouvoir sur les choses, et non l'inverse.

II.

Au beau milieu

« *Nous sommes embarqués* », écrit Pascal, puisque nous ne sommes pas à l'origine de nous-mêmes. Toujours précédés par toute une tradition et issus d'une naissance dont nous n'avons rien choisi (ni le lieu, ni la date, ni la famille), nous ne sommes pas à nous-mêmes notre propre commencement. C'est ainsi que l'homme, comme tous les autres êtres vivants qui peuplent ce monde, est un être contingent. Est contingent ce qui n'a pas plus de valeur qu'un autre possible (la naissance d'une fleur par exemple), qui peut tout aussi bien être que ne pas être. Et pouvoir être comme pouvoir ne pas être, c'est chanceler à la limite entre rien et quelque chose. La contingence peut dès lors renvoyer à une existence insignifiante, arbitraire et opaque. Le fait de pouvoir ne pas être ou être autre est, à la fois, ce qui tourmente l'individu quant au fondement de son existence, et ce qui l'ouvre au sens de cette même existence.

Les aléas de l'existence

La vie suit son cours, dit-on, mais que suit-elle ? S'il n'y avait qu'à suivre, alors tout serait prévisible. Mais tel n'est pas le cas puisque « la vie réserve ses surprises ». Nous disons ainsi une chose et son contraire face à ce qui nous arrive parce que nous ne cessons de nous repositionner par rapport à nos discours. Quand nous faisons cela, nous faisons l'épreuve de la contingence.

------------------ **Les bonnes questions** ------------------

Quel est votre discours à propos de ce qui vous arrive : êtes-vous optimiste ou pessimiste ? Confiant ou sur le qui-vive ?

Nous avons vu combien les manières de se représenter les choses influencent notre disposition à la vie. Qu'est-ce qui dépend de vous, qu'est-ce qui relève de l'extérieur ? Les réponses à ces questions vous aideront à savoir si vous êtes autant que possible préparé face aux aléas extérieurs.

Si l'on vous dit que vous faites plus vieux que votre âge, comment le prenez-vous ? Si vous ne pouviez plus pratiquer votre sport favori, quelle serait votre réaction ?

Les aléas extérieurs nous confrontent finalement à nos propres forces qui se trouvent sans cesse modifiées, accrues ou diminuées : comment se maintenir en équilibre au milieu des turbulences de notre vie ?

Les aléas du corps

Attardons-nous sur les aléas du corps. Ils nous sont en effet directement perceptibles et nous en avons une expérience intime. Nous naissons du corps et faisons route avec un corps en partie hérité d'autres corps dont nous portons l'histoire malgré nous. Les données biologiques qui le constituent nous contraignent à « faire avec », c'est-à-dire à l'accepter autant que possible, afin que ce corps reçu nous appartienne vraiment et nous individualise. Chacun a une manière propre de vivre son corps, une démarche ou une allure qui le caractérise. Ainsi la position du corps devient-elle l'expression de la conscience du sujet.

Prenons la posture quotidienne qui consiste à se tenir debout : si l'on peut y voir le résultat d'une évolution analysée par les paléontologues, on ne saurait la réduire à un simple fait de la nature. Comme le note Hegel[1], « *l'homme ne se tient debout que pour autant qu'il veut se tenir debout* ». Dans l'expression « se tenir debout » ou « droit », il y a une connotation éthique qui apparente la verticalité physique à la droiture morale. Il s'agit de surmonter la lourdeur de la contingence naturelle en inscrivant un sens donné et

1. Georg Wilhelm Friedrich Hegel, *Encyclopédie des sciences philosophiques*, Vrin, 1988, § 396, addition.

voulu. Le corps, par ses seules ressources biologiques, est incapable d'une telle rectitude.

Afin de montrer combien la contingence naturelle du corps humain est ordonnée à l'esprit qui lui confère son sens – à la fois comme orientation et signification –, Hegel prend l'exemple de l'habitude. Il montre que l'habitude est l'expression d'une libération de l'esprit : par un effort constant d'exercices répétés, le corps devient l'expression de la volonté, qu'elle soit celle du danseur, du pianiste, du sportif ou de tout autre. Autrement dit, l'habitude est une forme de conquête sur la contingence naturelle du corps puisqu'elle le modèle, le sublime et le forme ; elle est, en ce sens, une *discipline* et une *formation de soi*.

Edgar Degas ne se lassait pas de dessiner les corps des danseuses de ballet. Ce qu'il croquait dans ses nombreux pastels, ce n'étaient pas les corps devenus danse, mais les postures caractéristiques qui précèdent ou succèdent l'instant de la danse : la danseuse tantôt préparant son corps aux saillies des mouvements qui vont trouer l'espace et le découper en lignes nettes, tantôt le soulageant de ces efforts qui l'ont malmené et épuisé. Dans la danse, ce qui frappe, c'est que tout le corps, avec sa pleine densité musculaire, se fait mouvement, et ses lois deviennent celles de l'espace, de la vitesse ou de l'énergie. Comme le fait remarquer le chorégraphe contemporain Angelin Preljocaj à l'écrivain Ismaël Kadaré, « *mon alphabet à moi, ce sont les corps des danseurs. C'est avec eux que je vais dessiner mes ellipses, mes figures, traduire mes idées, mon extase, ma terreur, tout*[1] ». Les corps des danseurs se mettent eux-mêmes à l'épreuve pour connaître leur propre nature, ce qui leur permet de lutter contre leur poids, de sauter dans le vide quand leurs membres se

---

1. Ballet de l'Opéra Garnier, *Livret « Angelin Preljocaj »*, 2004-2005.

distendent[1], de se relever lorsqu'ils semblent frappés à terre ou parcourus dans leurs pulsions internes par le rythme de la musique, de savoir ce qui, au-delà de leurs forces, leur donne ce désir de s'envoler.

Mais tous ces efforts endurés et sans cesse renouvelés sont suspendus aux aléas extérieurs, rien n'est acquis. Non seulement parce que ce corps peut soudain nous faire souffrir et nous lâcher, mais parce que, tout simplement, il vieillit. La station droite, en ce sens, n'est qu'une chute sans cesse rattrapée mais inéluctable. Le vieillard qui ne vit plus que par les habitudes qui le constituent s'absente de plus en plus de lui-même : « *C'est l'habitude de la vie qui entraîne la mort[2].* » Ce corps « fluidifié » dont nous parlions finit en raidissement où se calcifie l'élan vital. Telle est l'ambiguïté de l'habitude, quand la maîtrise du corps se retourne contre le corps lui-même, et qu'à nouveau triomphe la contingence. La vieillesse du corps obéit certes à la loi naturelle qui commande que tout corps vivant se dégrade, mais le processus même de dégradation n'est pas prévisible : il peut advenir plus tôt que prévu ou, au contraire, s'effectuer au ralenti.

Angelin Preljocaj fait part de cette hantise à propos des corps des danseurs qui ne sont pas disponibles comme le sont les lettres de l'alphabet : « *Peux-tu imaginer que durant le procès de ton écriture, certaines de tes lettres, ou même une seule, par exemple la lettre k, vienne*

---

1. On pense bien sûr à Vaslav Nijinski, celui que tout le monde avait surnommé le « dieu de la danse » et qui allait sombrer peu à peu dans la folie. En 1919, durant son séjour de repos en Suisse, il doit danser à une représentation de charité devant un public en villégiature venu pour s'amuser. « *Comme un magicien, il nous donnait l'illusion de flotter au-dessus d'une foule de cadavres. Le public, horrifié, semblait frappé de stupeur, étrangement fasciné... Vaslav était comme une de ces créatures irrésistibles et indomptables {...}, capable de nous anéantir d'un instant à l'autre.* » (Vaslav Nijinski, cité dans *Journal*, Gallimard, 1988.)
2. Hegel, *op. cit.*

à te manquer, qu'elle refuse de répondre à ton appel, qu'elle te fasse défaut ? Moi, c'est ce qui m'arrive. Mes danseurs peuvent me manquer et ce n'est pas tout, ils peuvent tomber malades, ils peuvent ne plus jamais se montrer[1]. »

Comment surmonter autrement cette contingence irréductible du corps et de sa dégradation, sinon en évoquant des rites et en rendant un culte aux morts pour arracher le cadavre à la nature dans laquelle il se disperse ? C'est là toute la dimension du sacré, présente dans toute société humaine.

Les bonnes attitudes

Même si vous parvenez parfois à surmonter la contingence de votre vie, ne croyez pas que vous pourrez l'éliminer définitivement. Ainsi, les forces extérieures peuvent être tour à tour favorables ou nuisibles à votre propre développement, selon que vous parvenez ou non à composer avec elles.

Essayez de voir de quelle manière telle ou telle situation difficile présente toujours un aspect, fût-il minime, avec lequel vous pouvez continuer à vivre et à vivre maintenant. C'est en ce sens que les aléas de l'existence humaine sont ambivalents : ils peuvent être à la fois un obstacle et un terrain pour apporter du sens à votre vie qui, à mesure que vous la vivez, est vôtre.

Les aléas de l'Histoire

Voyons comment s'entremêlent contingence naturelle du corps et contingence historique, en nous attardant sur l'histoire des femmes en Occident, parce qu'elle rend particulièrement manifeste le lien entre ces deux aspects. Les contraintes naturelles que subit le corps

© Groupe Eyrolles

---

1. *Op. cit.*

de la femme sont plus évidentes que celles qui marquent le corps de l'homme. C'est à partir du corps de la femme, soumis aux aléas naturels, que se sont imposées des représentations idéologiques promouvant une domination propre à l'homme mâle autant qu'à l'esprit masculin. La permanence de la domination masculine ressemble à un invariant anthropologique, comme si l'Histoire était l'expression de l'éternel conflit homme-femme[1]. Il peut être confortable de figer arbitrairement un masculin et un féminin. Cela nous épargne la réflexion sur l'histoire de notre propre sexe, combinée à celle du sexe opposé qui nous échappe toujours *en partie*. On se souvient d'ailleurs de la représentation que se faisait Simone de Beauvoir du sexe féminin : « *On ne naît pas femme, on le devient* », déclarait-elle.

─────────── **Les bonnes questions** ───────────

Interrogez-vous à votre tour sur cette déclaration de Simone de Beauvoir. En tant que femme, ressentez-vous la nécessité d'un tel devenir ? Est-ce une difficulté supplémentaire pour l'épanouissement de votre féminité ? En tant qu'homme, pensez-vous qu'il y a à « devenir homme », ou cela est-il exclusivement réservé à la femme ? Plus généralement, si chacun de vous « devient » homme ou femme, vous le devenez par rapport à quoi ?

Les plus intransigeants des conservateurs peuvent être d'accord avec cette déclaration, comprenant par là que la femme comme l'homme doivent se conformer à leur rôle respectif de femme et d'homme, ni plus ni moins.

Vous sentez-vous prisonnier d'un carcan social ? Avez-vous déjà eu l'envie d'être dans la peau du sexe opposé ? Quelles en étaient les raisons ?

─────────────

1. Georges Duby, Michelle Perrot et Geneviève Fraisse, *Histoire des femmes en Occident*, Perrin, 2002.

51

À chacun sa place : qui la donne ?

La grande variété des traditions, des codes sociaux, mais aussi des valeurs et des droits appliqués montre combien le devenir de la femme est tributaire des représentations construites à son endroit, par contraste avec le devenir de l'homme qui semble plutôt linéaire et stable. S'agissant de l'homme, son être biologique (sa force corporelle) a d'emblée une valeur sociale : il représente l'autorité. Par opposition, l'on cantonne la femme à son être sexuel : elle est faite pour procréer. Cela explique à quel point le corps féminin fut très longtemps vécu par les femmes comme une soumission ou un enfermement[1]. Le modèle féminin prégnant dans l'histoire occidentale est celui construit au XIXe siècle : la femme est cet être totalement infantilisé, placé sous la direction du père avant de passer sous la tutelle juridique, économique et morale de son mari. Dans cette même logique, la maternité apparaît comme un attribut de la nature féminine aussi essentiel que la conjugalité : être femme, c'est être la femme « de » et, conjointement, la mère « de ». Pensons à Nora, mise en scène dans *Une maison de poupée* d'Ibsen[2]. Femme mariée et mère de trois enfants elle est, lors de la dernière scène, saisie du sentiment vertigineux de son inexistence individuelle : reconnue comme femme par son mari, comme mère par ses enfants, qu'est-elle exactement dans son être singulier ?

---

1. La représentation du corps féminin, à partir du XVIe siècle chez les peintres flamands et italiens, prend des aspects grotesques, parfois même monstrueux, et obéit à un traitement nettement différent de celui accordé au corps masculin : la vieillesse virile est synonyme de sagesse (les nombreux saint Jérôme), tandis que la maturité de la femme n'est qu'inflation de sa folie (Dürer, Giorgione). C'est le thème de la vieille coquette minaudant malgré ses rides, de la prostituée décrépie, de la tentatrice de saint ou encore de la vanité avachie visitée par la mort, qui perdure encore au XIXe siècle (*Les Vieilles* de Francisco de Goya et *Clotho* de Camille Claudel).
2. Henrik Ibsen, *Une maison de poupée*, LGF, 1990.

Ce qui n'était que contingence, événement accidentel – naître homme ou femme –, apparaît donc dans l'Histoire comme un destin inéluctable décidant des vies de chacun. Quel est donc ce prétendu devenir de la femme s'il est tronqué, tracé d'avance et, pire encore, entravé dans ses choix ? Études, sport et, bien sûr, politique sont longtemps restés hors de portée des femmes, privées des plus hautes destinées humaines[1].

Résister pour devenir une personne

Devenir femme est à comprendre comme la quête légitime d'un être qui ne se réduit en aucun cas à son identité sexuelle, mais qui s'exprime par des interrogations, des choix et des rencontres. Toutefois, chacun se construit par imitation, imitation d'un modèle féminin ou masculin selon le sexe de l'individu auquel il est enjoint à se conformer pour s'intégrer socialement. Aussi, le devenir de la femme réside dans la liberté de pouvoir réaliser son identité singulière (être une personne particulière) par rapport à une identité sexuelle. Celle-ci, tout en n'étant pas marginale ou insignifiante – on ne peut pas éluder le sexe d'une personne – n'a pas à être déterminante. L'identité sexuelle devient une contrainte dès qu'elle se substitue à l'idée de personne et qu'elle entraîne des jugements de valeur très archaïques (une femme ne peut participer aux Jeux olympiques, pour la seule raison qu'elle est « femme », comme le pensait Pierre de Coubertin, ou encore la femme est versatile – *la donna è mobile* –, comme le proclame le Trouvère dans l'opéra éponyme de Verdi). Quand le modèle social d'une femme

---

1. Georg Simmel reconnaît le caractère sexué de la culture dominante : « *Il s'agit ici d'établir en premier lieu le fait que la culture de l'humanité, même en ses purs contenus objectifs, n'est pour ainsi dire rien d'asexué et n'est nullement placée par son objectivité en un au-delà de l'homme et de la femme. Bien plus, notre culture objective est de part en part masculine, à l'exception de rares secteurs.* » (*Philosophie de la modernité*, Payot, 1989, « La culture féminine », Tome 1.)

soumise à l'homme est posé comme une fin à atteindre, s'ensuit alors la nécessité de penser le corps féminin en termes d'impuissance, de matière informe[1], ou paré des sortilèges de la séduction, sollicitant une attention gourmande.

Les sortilèges d'Hélène[2]

On comprend dès à présent pourquoi la libération des femmes suppose toujours une forme de libération sexuelle pour rompre ce lien, logiquement implacable mais vraiment[3] déficient, qui asservit son être et confisque son avenir. La liberté de s'accomplir n'est possible pour la femme que si elle a le droit de faire ce qu'elle projette, sans subir l'interdit de la loi, que celle-ci soit d'ordre moral ou politique. Sans cela, le devenir de la femme s'apparente à un destin. Ainsi, lorsque Freud déclare que le corps des femmes est leur *destin*, cela ne signifie pas que devenir femme consiste à développer un corps minoré dans ses aptitudes, mais qu'il a trop

---

1. L'héritage philosophique d'Aristote, qui affirme que la femme est du côté de la matière tandis que l'homme apporte la forme, a pour conséquence de la dévaloriser du point de vue de son être même. La forme a en effet pour principe l'intelligence, tandis que la matière, passive et indéterminée, est le propre d'un être incapable de se gouverner lui-même. Un tel discours sera repris par la théologie chrétienne qui confirme Adam dans son rôle de maître, et insiste sur le manque de consistance d'Eve, être de chair imparfait, rendu coupable par ses faiblesses du malheur de l'homme, et souvent identifiée à la tentation et à la perte de soi. Le discours politique, suivi de sa législation, se réclament de ces deux courants de pensée en instituant de tels préjugés (l'épouse, « perpétuelle mineure », soumise au droit de correction paternelle), qui apparaissent lors de la rédaction du Code civil en 1807.
2. Hélène est considérée comme la plus belle des femmes dans la mythologie grecque. Épouse de Ménélas, elle est enlevée par Pâris, inspiré par Aphrodite, et devient la cause de la guerre de Troie.
3. Le terme « vraiment » est ici à entendre au sens fort, du point de vue de la vérité. La logique d'un raisonnement n'est en rien garante de sa valeur de vérité.

longtemps été à la merci du désir masculin, à la lisière du fantasme
de l'homme. En témoignent certains discours tenus encore aujour-
d'hui qui expliquent que, de l'enfermement aux mutilations exer-
cées sur le corps des femmes, c'est la peur naturelle de l'homme qui
s'exprime[1]. Mais en quoi la peur qu'un sexe a de l'autre créerait-elle
du droit ? Si le fantasme régit le monde, la raison capitule, l'égalité
aussi. Sans nul doute, l'espoir placé dans un respect mutuel de
l'homme et de la femme disparaît à son tour. Destin aussi dans la
mesure où les femmes, par peur, par complaisance parfois, se font
complices de leur propre servitude en défendant une telle discrimi-
nation sexuelle par l'éducation qu'elles donnent à leurs enfants. On
trouve d'ailleurs chez les stoïciens un indice, certes ténu, du souci
de l'éducation des filles qui doit passer par l'étude de la philosophie, car elle seule apprend à pratiquer la vertu. Les parents leur
apprendront donc les vraies raisons pour lesquelles les hommes
doivent leur témoigner de l'intérêt et du respect : « *Il faut donc
veiller à ce qu'elles sentent qu'elles ne sont respectées que si elles se montrent
modestes et pudiques*[2]. » Destin encore quand les femmes se conten-
tent d'imiter le comportement masculin sur le terrain du pouvoir,
faute d'inventer leur propre manière de gouverner, indépendamment du référent masculin.

La femme semble donc, plus que tout autre, prisonnière de ce
que l'on dit d'elle, prisonnière des discours eux-mêmes contradictoires qui font miroiter l'image de ce à quoi elle doit ressembler.
Elle est, peut-on dire en reprenant un néologisme de Lacan, l'objet
« *hainamoré* » de la duplicité du discours tenu à son sujet : tour à
tour louée et blâmée, telle l'Hélène de Troie[3]. Mais de quelle

---

1. « *De la ceinture de chasteté à l'excision, les hommes font l'aveu de leur faiblesse
naturelle.* » (Alain Etchegoyen, *Éloge de la féminité*, Arléa, 1999.)
2. *Manuel d'Épictète*, LGF, 2000.
3. « *Beaucoup louée et beaucoup blâmée, moi, Hélène.* » (Johann Wolfgang von Goethe,
Faust, Flammarion, 1990.)

Hélène s'agit-il vraiment ? Une femme singulière ou bien une image, un mythe, une fiction ? Ou un nom qui, finalement, dit plus que la chose elle-même et qui voue Hélène à incarner l'éternel féminin ?

La femme est comme prise au piège de ce lien inextricable entre éternel féminin et pouvoir du discours, entre appartenance sexuelle (son genre) et appartenance sociale (sa place), aux dépens d'une réflexion qui reconnaît que les femmes aussi font l'Histoire parce qu'elles sont sujets et actrices de l'histoire réelle.

Les bonnes attitudes

Sans tomber dans des revendications extrêmes qui transforment les différences sexuelles en identités pures et indifférenciées, interrogez-vous sur votre propre identité sexuelle, que vous devez construire parfois contre vos propres préjugés. Remettez en question vos jugements sur ce que vous considérez comme une évidence, par exemple l'hétérosexualité ou encore « l'instinct maternel[1] », afin de sortir des préjugés inhérents à la normativité sexuelle.

De même, dans vos relations amoureuses, dans ce que vous attendez de l'autre, prenez garde à ne pas cantonner l'autre à un rôle dicté par les conventions sociales. Vivez cette relation dans ce qu'elle a de plus authentique, en ce sens qu'elle noue entre deux êtres un lien dans lequel la société n'a pas droit de regard.

---

1. Élisabeth Badinter, dans *L'amour en plus* (LGF, 1982), examine, au fil d'une enquête historique précise, ce prétendu instinct maternel qui procéderait d'une nature féminine donnée : « *Il faut bien constater qu'il y a trop d'exceptions à la règle de l'amour maternel pour qu'on ne soit pas forcé de remettre en question la règle elle-même.* »

Les aléas du sexe

On ne peut guère concevoir un être humain autrement que dans cette différence de l'homme *et* de la femme. Cependant, celle-ci n'intervient pas quand on considère la valeur universelle d'une personne : toute personne doit être respectée, quelle que soit son appartenance sexuelle. En même temps, la différence des sexes est ce que le corps humain a de plus irréductible, et représente, à ce titre, une particularité visible en chacun. Ce rapport entre l'universel et le particulier constitue la nature de notre identité sexuelle.

——————————— Les bonnes questions ———————————

Comment vivre cette différence ? Est-elle extérieure à vous comme une étiquette que l'on vous collerait et qui vous réduirait à vos particularismes, ou a-t-elle des conséquences notables dans votre manière de percevoir le monde, manière sexuée et jamais neutre ou indifférente ?

L'union comme fusion impossible

Certains textes d'auteurs de la Grèce ancienne proposent une réflexion sur la différence sexuelle assimilée à la scission violente de ce qui était jusqu'alors uni et représenté par la figure aussi fascinante qu'effroyable de l'androgyne. Ovide avoue d'ailleurs son embarras face à cet être : qu'est-il ? Ni homme ni femme, ou plutôt l'un et l'autre ?

Au-delà de la difficulté de dénomination, l'androgyne renvoie à la souffrance et à l'impuissance vécues par chacun des deux sexes. En effet, être femme ou homme, c'est vivre la différence de l'autre comme ce manque que l'on voudrait combler pour s'unifier soi-même et être *un* ; c'est aspirer à un désir de réunion tel qu'en un seul corps, deux corps et deux désirs ne fassent plus qu'un. Dans tous les cas, il y a tourment et douleur, déchaînement des passions et excès, faillite et malheur, parce que jamais deux ne feront un. Il est donc souhaitable de parvenir à minimiser cette souffrance afin de vivre plus tranquillement. C'est ce que fait le sage en considérant la différence des sexes comme une donnée que la raison ne peut expliquer. Pourquoi alors s'en contrarier ?

Que nous dit la nature ?

Comme le rappelle une lettre de Porphyre à Mercella, « *il est* [...] *dangereux pour l'âme de ne pas écouter l'avertissement de la nature à cause de son adaptation naturelle à se suffire (autarkeia) au jour le jour* ». Mais nous ne pouvons considérer l'autre comme un aliment à consommer et assimiler. Dans la relation sexuelle, chaque sexe se ressent autant différent que semblable à l'autre parce qu'il partage la même condition : celle d'être humain. L'individu risque alors de chercher l'autre pour survivre ou se prolonger à travers la procréation, dont il attend qu'elle surmonte sa propre contingence. Avoir des enfants, en ce sens, peut s'interpréter comme une compensation à la crainte de la solitude.

La sexualité humaine est comparable à la copulation animale si elle permet simplement de dépasser l'isolement et d'éprouver des plaisirs qui puissent être satisfaits. Épicure déclare « impraticable » l'avertissement ci-dessus donné pour celui que « *l'émotion de la chair dispose abondamment au commerce amoureux*[1] ». Comme le rappelle le philosophe romain Lucrèce, poursuivant l'œuvre de son maître grec Épicure, ce qui nous rend excessifs ou insatiables et fait notre malheur vient de ce que nous imaginons et ajoutons à la réalité. C'est le cas de la passion amoureuse qui prospère par son inflation d'images, par des *simulacres* tant visuels que mentaux, c'est-à-dire des choses qui semblent réelles mais qui ne le sont pas. Il faut donc rétablir la vérité de la nature contre les mirages de l'amour, en suivant avec Lucrèce la « *Vénus vagabonde* » ou le pur plaisir, parce

---

1. Épicure, *Lettres, maximes, sentences*, LGF, 1994.

que c'est là qu'il est plus facile d'agir. Le besoin sexuel est présenté avec la crudité d'un naturaliste afin de démystifier l'amour. En somme, il s'agit d'aimer sans rêver[1]. Nous y reviendrons.

« *Plutôt changer mes désirs que l'ordre du monde* », disait autrement Descartes. Ne pouvant modifier les lois de la nature qui nous ont fait homme ou femme (selon un « ou » exclusif), à quoi bon lutter ? Cela reviendrait à souffrir et à se lamenter en pure perte. Pensons plutôt la différence sexuelle selon la bipartition cosmologique des opposés (sec/humide, chaud/froid, jour/nuit, etc.), c'est-à-dire constatons-la sans l'interpréter.

La trop fameuse opposition du corps et de l'esprit

Devenir soi, est-ce en rester à sa particularité de femme ou d'homme, ou est-ce parvenir à transcender la différence contingente, marginale et superficielle des sexes en devenant tel « un dieu parmi les hommes », c'est-à-dire un sage ? Si pour devenir une personne il convient d'exprimer sa dimension universelle, on peut se demander si cela revient à abolir notre différence sexuelle jugée anecdotique.

Finalement, le mythe de l'androgyne est une quête de l'union idéale imaginée par l'esprit. L'union primitive des corps est d'ailleurs insupportable à la vue : l'androgyne est simultanément homme et femme, mais châtrés et inféconds, niés dans leur identité sexuelle respective.

L'esprit cherche en fait à s'affirmer en cultivant l'idée d'un corps sans sexe, sans matière et sans chair : un « universel du corps », pourrait-

---

1. Ce n'est pas un hasard si l'évocation de l'amour fait suite à l'étude du rêve, par la transition du rêve érotique et des pollutions nocturnes, ce qui permet de conclure que : « *Il vaut mieux jeter dans le premier corps venu la liqueur amassée en nous que la garder pour un unique amour qui nous prend tout entier, et nous réserver la peine et la douleur certaines.* » (Lucrèce, *De la nature*, Flammarion, 1964.)

on dire, opposé au corps sexué trop organique, trop étranger à l'esprit, et donc impensable. Cette opposition du corps et de l'esprit se décline à l'infini : elle est celle du particulier et de l'universel, du mien et du tien[1], de la liberté et de la servitude, ou encore de la raison et des passions. Le seul corps réel que peut concéder l'esprit est celui de l'ascète, effroyablement émacié, sans sexe et rendu presque immatériel à force de souffrances endurées et de privations cumulées au nom de l'horreur de la chair et du sexe. L'esprit, en voulant triompher de la différence des corps sexués et pour coïncider avec lui-même dans une parfaite autarcie, dégagé des contraintes de la matière, annonce en fait la mort[2].

L'identité qui cherche à se préserver de toute différence se caractérise par son indétermination[3], et non par son universalisation. C'est donc sous la condition d'une différenciation effective que l'identité peut être autre chose qu'une vaine abstraction ou qu'un « *pauvre trésor*[4] ».

Dépasser la contingence n'est donc pas la détruire ni l'écarter ; c'est en quelque sorte parvenir à se déterminer en générant de la contingence qui se maintient, que ce soit dans les formes les plus hautes de la vie artistique ou dans les hasards de l'action individuelle.

---

1. Cette revendication du mien et du tien, décliné haineusement dans la pièce *Médée*, tant chez les tragiques grecs que dans les œuvres du XXᵉ siècle, soude l'antagonisme sexuel et, dans ce duel qui oppose l'homme grec à la femme étrangère, Médée n'a d'autre horizon que cette position intenable : « *Je veux déchirer l'humanité en deux/et demeurer dans le vide au milieu Moi/Ni homme ni femme.* »
2. Le contentement si puissant qu'éprouve l'esprit de l'ascète en contraignant le corps à un régime de misère comporte un risque : aller trop loin. La maigreur doit donc être mesurée.
3. Cela se produit également par la peur de l'autre sexe, sur un plan psychologique, qui consiste à rendre son identité étanche à toute différence, celle-ci étant considérée comme menaçante.
4. Selon une expression de Claude Lévi-Strauss dans *Mythologiques*, Plon, 1971, vol. 4.

La chair resplendit alors, comme par exemple dans le sentiment d'amour dont l'alliance fragile mais lumineuse entre la chair et la volonté se nomme « fidélité ».

───────── **Les bonnes attitudes** ─────────

Dans un effort constant d'appropriation pour coïncider avec vous-même, vous devez devenir pour vous-même une énigme à laquelle il n'y a pas de résolution ultime. En effet, l'être humain est en peine de son être : celui-ci n'est jamais donné une fois pour toutes[1]. Il le conquiert, à chaque étape de ses habitudes, de son travail, de ses paroles ou de sa réflexion. En ce sens, surmonter le hasard qui vous a fait homme ou femme, c'est vivre cette vie dans votre chair propre et vous déterminer selon cette situation concrète, individuelle et spécifique qui est la vôtre[2].

Un universel abstrait désingularisé ne peut pas mourir. Seule une chair, c'est-à-dire quelqu'un, homme ou femme, peut être une singularité et peut mourir : singularité et mortalité sont indissociables. On ne peut pas plus vous retirer votre singularité qu'on ne peut vous voler votre mortalité[3].

La singularité indéfinissable

La singularité de la vie intime est en partie occultée par les mots du langage courant. Le décalage ressenti entre le flux de notre vie intérieure et les mots qui tentent de l'exprimer a de quoi nous

---

1. Voir p. 13.
2. « *Quand donc on regarde un penseur abstrait qui ne veut pas clairement reconnaître et avouer le rapport de sa pensée abstraite avec sa propre existence, il a beau être un esprit remarquable, il n'en produit pas moins une impression comique : il est en train de cesser d'être homme.* » (*Post-scriptum aux Miettes philosophiques*, Sören Kierkegaard, Gallimard, 2002.)
3. Priver l'individu de son pouvoir de mourir en le dépersonnalisant est l'ultime acte de violence.

inciter au mutisme, en frappant d'inanité la prétendue puissance des mots. Certes, leur puissance est effective quand il s'agit d'expliquer : le mot se fait concept en procédant par généralisation. Le savant ne se préoccupe pas de la singularité de cette fleur sous sa fenêtre quand il cherche à établir un savoir rationnel. Il n'y a de science que du nécessaire[1] et d'existence que du particulier, disait Aristote. Toutefois, si les choses sont singulières, c'est dans leur singularité qu'il convient de les saisir, ce que ne peuvent faire ni les discours universels (les discours scientifiques ou certaines lois juridiques par exemple), ni les définitions génériques. Définir une chose selon sa nature ou selon la loi ne renseigne en rien sur la richesse de ses particularités, à savoir celles de son être concret et individuel. Cette richesse dépasse-t-elle les possibilités du discours ?

S'il n'y a pas de science du contingent (ce qui ne se produit pas nécessairement et qui ne peut donc être soumis à des lois), c'est parce qu'il n'y a pas non plus de science ni de définition de l'accident[2], c'est-à-dire de tout ce qui advient de façon accidentelle. L'accident (par, exemple, Socrate est assis) peut toujours être autre qu'il n'est. À la question « Qu'est-ce que Socrate ? », nous répondons que Socrate *fut* un sage car c'est là son essence. L'usage du passé simple indique que l'essence d'une chose ne se dévoile qu'au passé. Rien d'étonnant à ce que l'on commence à narrer les histoires, fables

---

1. Ce qui ne se produit pas nécessairement ne peut pas être soumis à des lois. Les sciences mathématiques démontrent des lois nécessaires étant donné que le nombre, la figure géométrique, etc. sont toujours identiques à eux-mêmes et indépendants des conditions spatio-temporelles. En revanche, ce qui existe répond à des conditions spatio-temporelles précises qui ne peuvent se répéter. C'est pourquoi le particulier en tant que tel ne peut se résoudre à des lois générales.
2. L'accident ou encore le prédicat s'oppose au genre ou à l'essence en ce qu'il relève du particulier. Les accidents de Socrate sont par exemple d'être petit, vieux, d'être assis ou debout, etc., tandis que l'essence de Socrate est d'être un sage.

ou légendes dont on connaît déjà la fin, par l'inaugural imparfait du « Il était une fois ». Selon un vieil adage de la sagesse grecque, on ne peut porter un jugement sur la vie d'un homme tant qu'il n'est pas mort[1] : plus qu'un précepte de prudence, c'est une réflexion sur le discours humain. Celui-ci s'exprime à l'imparfait, faute d'un impossible parfait réservé à ce qui sera toujours conforme à ce qu'il est (la figure du sage par excellence qui *est* sage durant sa vie entière). Tant que l'individu vit, son avenir nous est caché, parce qu'il peut à chaque instant devenir autre que ce qu'il est maintenant.

Les bonnes questions

N'avez-vous jamais éprouvé des difficultés à exprimer vos sentiments, à les faire partager avec vos mots ? N'êtes-vous jamais déçu en constatant qu'ils sont peu à même de formuler ces sentiments qui vous tiennent à cœur ? Faut-il alors préférer le silence, voire le non-dit ou le sous-entendu et se contenter d'approximations ? Faut-il se détourner des discours qui ne seraient que vaines paroles, et opter pour les actions qui semblent prouver d'elles-mêmes leur valeur affective ? Un amoureux infortuné du XVIIe siècle déclarant à une dame : « *Mais enfin, comment pourrai-je vous prouver que je vous aime ?* », obtint pour seule réponse : « *Il me faut aimer, Monsieur, et je le saurai[2]* ».

Il y a donc les mots, mais aussi la manière dont ils résonnent en vous. Mais entendez-vous toujours ce que l'on vous dit ?

Ce qui se ressent peut-il s'exprimer clairement ?

Quand nous parlons d'une chose particulière, nous passons notre temps à nous contredire puisque celle-ci ne coïncide jamais réellement avec son essence. Elle est plus que cela. Par exemple, la fleur

---

1. Dans *Œdipe roi*, Sophocle dit : « *Gardons-nous d'appeler un homme heureux avant qu'il ait franchi le terme de sa vie.* » (Gallimard, 2006.)
2. Cité dans *La connaissance philosophique*, Hubert Grenier, Masson, 1973.

qui est sous ma fenêtre est plus que sa définition générique ; elle est cette fleur unique parmi d'autres comme elles, de par sa forme, sa couleur, son parfum, etc. Par ailleurs, chaque chose particulière est à ce point composée d'accidents ou d'attributs contingents qu'elle n'est déjà plus tout à fait ce qu'elle est, à ce moment précis. Cet écart traduit la pauvreté des définitions et l'abondance indéfinie des discours descriptifs jamais exhaustifs. Les mots sont perçus comme banals et aseptisés parce qu'ils paraissent usés à force d'avoir été trop utilisés. Leur expression déçoit, parce que ce qui se saisit de manière instantanée dans les émotions s'affaisse dans la succession incompressible des mots : les enchaîner prend du temps et diffère toujours plus la fulgurance et l'intensité de nos sentiments. Autrement dit, la longue médiation des mots[1] nous éloigne de la saisie immédiate de la chose, à tel point que l'on peut dire de l'être humain qu'il est « *en exil dans le monde des moyens*[2] ».

Toutefois, si intense que soit le désir de communication immédiate, on ne peut revenir à une langue primitive tout en images et en sentiments. À la faveur de cet écart, il arrive que quelque chose d'extraordinaire se produise : le langage de l'artiste, dont le propre est de voir directement la réalité, « *sans rien interposer entre elle et lui*[3] », parce qu'il a mis le feu aux signes conventionnels, nécessaires à la seule commodité de la vie. Peintres, poètes ou musiciens, tous créent une émotion qu'ils livrent et parfois libèrent en nous : « *Telle musique sublime exprime l'amour. Ce n'est pourtant l'amour de personne* », écrit Bergson[4].

---

1. Excepté dans les énoncés performatifs qui sont simultanément des actions. Par exemple, dire « oui » lors de son mariage, c'est devenir mari ou épouse.
2. Jean Starobinski à propos de Rousseau écrivant dans l'*Émile* : « *La puissance humaine agit par des moyens, la puissance divine agit par elle-même.* » (*Jean-Jacques Rousseau, la transparence et l'obstacle*, Gallimard, 1976.)
3. Henri Bergson, *La pensée et le mouvant*, PUF, 2003.
4. *Ibid.*

Inventer un langage, c'est inventer sa pensée

L'artiste nous permet d'appréhender le monde de manière nouvelle en nous livrant un langage personnel mais partageable. Ses mots, son trait, son génie nous installent dans une émotion qui n'est plus rattachée à une représentation déterminée dont elle est censée dépendre. Ainsi, dans les peintures d'Edward Hopper, la solitude ou la tristesse est transfigurée par la qualité intemporelle de la lumière. Cette lumière venue d'ailleurs rend la solitude irréelle et confère à ses tableaux un sens qui dépasse le figuratif : « *Je ne peins pas la tristesse ou la solitude,* dit-il, *je ne cherche qu'à peindre la lumière sur ce mur.* » L'art est précisément cet acte qui pulvérise l'idée toute faite et invente une œuvre dont il est lui-même le spectateur. Mais la voie est ardue pour mettre au jour ces sensations insaisissables, et patience est requise pour utiliser les moyens humains disponibles. « *Âme de très forte patience* », dira d'ailleurs le poète Hölderlin en parlant de Rousseau.

Il faut donc composer avec le corps que l'on a, et avec « *les mots de la tribu* », selon l'expression de Mallarmé : il s'agit toujours d'aménager dans la réalité le terrain de sa liberté. Autrement dit, l'artiste est celui qui reconnaît sa liberté d'utiliser les signes à sa guise au lieu de leur conférer une autorité absolue[1].

Accuser les mots de trahison ou se complaire dans des sentiments que l'on prétend ineffables, c'est se dispenser des moyens par lesquels il faut passer pour rejoindre les autres. C'est aussi fuir la vérité de son sentiment, qui exige de se manifester devant soi-

---

1. Angelin Preljocaj, forcené de travail, dira, à propos de sa chorégraphie *Near Life Experience* : « *Il n'est pas question de reproduire les postures de l'hystérie, mais d'en trouver l'état intérieur. De même pour l'évanouissement, le ravissement, quelle en est la substance charnelle particulière ? J'ai dû ralentir ma danse pour trouver la clef d'un relâchement corporel propice à cette exploration.* » (Entretien au Théâtre de la Ville, 2004.)

même comme devant un témoin. S'exprimer avec des mots c'est ainsi donner corps à sa pensée : la pensée devient claire et se comprend quand elle trouve les mots pour se dire. On croit ordinairement que ce qu'il y a de plus haut est ineffable, mais c'est là un argument paresseux qui permet de dissimuler des pensées encore confuses ou à l'état de fermentation. Et Hegel de conclure : « *Si l'on peut se perdre dans les mots, la faute en est à la pensée imparfaite, indéterminée et vide, elle n'en est pas au mot*[1]. »

Nul ne peut dire avoir produit les mots par lui-même. Pourtant, ils sont, pour n'importe quelle personne, ses propres paroles. En tant que tels, ils sont ainsi un accès possible à sa singularité.

Laissons la parole à Baudrillard : « *L'idée elle aussi doit aller plus vite que son ombre. Mais si elle va trop vite, elle perd même son ombre. N'avoir plus l'ombre d'une idée... Les mots vont plus vite que le sens, mais s'ils vont trop vite, c'est la folie*[2]. »

-------------------- Les bonnes attitudes --------------------

Prenez la parole, exposez vos pensées, même si cela paraît difficile ou risqué parce que c'est toujours aussi vous-même que vous exposez.

L'objectif n'est pas de parvenir à une meilleure maîtrise de la langue : si la langue requiert un apprentissage, ce n'est pas seulement celui d'une technique ou d'un savoir-faire qui se reconnaîtrait à la facilité d'exécution. Il ne s'agit pas de *bien* parler, mais de parler *juste*, et c'est là la vraie difficulté. En ce sens, apprendre à parler, c'est apprendre à penser.

----

1. Georg Wilhelm Friedrich Hegel, *Phénoménologie de l'esprit*, Aubier-Montaigne, 1992.
2. Jean Baudrillard, *La pensée radicale*, Sens et Tonka, 2001.

La parole mise à mal par les télécommunications

La place que chacun doit trouver par sa prise de parole est quelque peu difficile. Non seulement les mots ont un pouvoir généralisant mais ce pouvoir se renforce aujourd'hui avec l'utilisation des nouvelles technologies de l'information et de la communication, à l'ère de la révolution numérique. N'en déplaise aux défenseurs des moyens de télé-communication[1] qui s'élèvent rarement contre les lois du marché, il serait opportun de savoir ce que de tels moyens infligent à l'espace réel de la communication, à un espace vécu où un *je* devrait parler à un *tu* : qu'en est-il de l'espace de la parole qui met en présence des sujets ?

Les bonnes questions

Nombreux sont ceux qui ressentent une espèce de frustration quant à la qualité de leurs échanges au travail. Est-ce votre cas ? Vous êtes peut-être sans cesse branché à de multiples connexions virtuelles, mais est-ce là communiquer d'après vous ? Ce mode de communication est-il devenu une habitude qui vous convient ? Le transposez-vous dans vos relations privées ?

L'ici et maintenant du discours

Pour mieux comprendre, revenons à Émile Benveniste, lorsqu'il introduit le concept de « *champ positionnel du sujet* ». Celui-ci renvoie à une dimension du discours dont le principe est le suivant : le langage repose sur la présence de la personne qui énonce conjointement sa position. Autrement dit, la position est le point privilégié où l'on se tient pour parler, et que personne d'autre ne peut occuper à notre place. La position du sujet signifie qu'il existe comme un sujet qui se pose et pose le monde à partir du lieu

---

1. « Télécommunication » signifie communication à distance, de loin.

où il l'énonce et le fait connaître : « *Le langage n'est possible que parce que chaque locuteur se pose comme sujet[1].* » Qu'il s'agisse du temps ou de l'espace, *ici* c'est là où *je* parle, et *maintenant,* c'est le moment où *je* parle. Le temps linguistique s'articule à la présence de la personne. Benveniste ira jusqu'à écrire que « *le présent est cette présence au monde que l'acte d'énonciation rend seul possible[2]* ». Par conséquent, prendre la parole et s'affirmer comme sujet sont indissociables.

C'est ainsi que, tour à tour, *je* et *tu* se posent comme des sujets présents l'un à l'autre. La parole est l'appropriation singulière que fait chacun de la langue, si bien que nous nous distinguons des autres par la tournure, le choix ou la formulation de nos paroles. En parlant, nous nous ancrons dans un temps et un espace singuliers qui correspondent à notre position du sujet.

Rien d'étonnant alors que la parole, en circulation dans les réseaux de télécommunication, soit de plus en plus détachée du sujet qui l'énonce en même temps qu'elle perd de sa consistance, ou encore de sa fiabilité. Comme le note Baudrillard, « *dans leur déroulement accéléré, les événements ont en quelque sorte avalé leur interprétation, les choses ont ravalé leur sens[3]* ». Que faire, par exemple, lorsque nous sommes condamnés à l'écoute clandestine d'une conversation par téléphone portable ? Quelqu'un tient devant nous des propos alors qu'il ne nous parle pas. Il ne *nous* parle pas alors qu'il est en notre présence. Le téléphone portable viole les lois de l'espace du discours parce qu'il ne correspond plus à l'espace vécu : le *tu* de l'espace vécu (celui qui est en face de nous) devient le *il* de l'échange verbal, à savoir un impersonnel, une « non-personne ». Comment accepter qu'une situation de rencontre, ou du moins de face-à-face qui est la situation normale de l'échange, vienne à exclure l'espace de cette co-présence du *je* et du *tu* ?

---

1. Émile Benveniste, *Problèmes de linguistique générale*, Gallimard, 1976, tome 1.
2. *Ibid.*, 1980, tome 2.
3. *Op. cit.*

S'adresser à quelqu'un

On peut s'interroger, à juste titre, sur la qualité de parole que l'individu, emporté par ces flux de communication, adresse aux autres. Qu'en est-il de sa présence, étant donné que les moyens de communication relient certes des individus disjoints dans l'espace mais surtout sans aucun lieu de rencontre[1] ? Les anathèmes lancés contre le téléphone portable sont nombreux. Il semble pourtant revêtir aujourd'hui une nécessité existentielle : on peut nous joindre, on nous appelle, donc on existe[2]. Or, cette fonction existentielle repose sur un sujet qui n'est pas « enjoint », au sens où il répondrait à une responsabilité, mais c'est un sujet « astreint » à une réponse inconditionnée. Les conséquences professionnelles et familiales de cette astreinte sont évidentes : le sujet astreint est toujours disponible, il ignore la différence entre l'espace privé et l'espace public.

Dès lors, on comprend mieux le lien inextricable qui relie le sujet à sa prise de parole. Celui qui fuit sa position de sujet ne décide plus de sa parole, et ce n'est plus à des sujets qu'il s'adresse : il est simplement branché et il n'est pour personne. La parole qui nous lie à autrui nous lie conjointement à nous-mêmes et nous engage pleinement selon ce que requiert l'impérieux « Je suis ce que je suis » que nous avons vu en première partie[3].

Comme l'écrit René Char, « *Le monde contemporain nous a déjà retiré le dialogue, la liberté et l'espérance {…}. Il s'apprête à descendre au centre de notre vie pour éteindre le dernier foyer, celui de la rencontre {…}. Nos*

---

1. Jouant de la métaphore, la publicité sur les téléphones portables transpose le plus souvent la dissociation du lieu et de l'appel sur les thèmes de l'envol, de la légèreté physique et de l'instabilité amoureuse.
2. Pierre Pachet consacre son étude, dans *L'œuvre des jours*, à ce problème du téléphone portable par rapport à la continuité du moi : « *Je n'existe pas une fois pour toutes, en fonction d'un élan initial qu'il suffirait d'entretenir. À chaque moment, mon existence se rejoue, demande à être justifiée ou soutenue par des appels, des sourires, des messages.* » (Circé, 1999.)
3. Voir p. 8.

atouts sont perpétuels, comme l'orage et comme le baiser, comme les fontaines et les blessures qu'on y lave[1]. »

───────── **Les bonnes attitudes** ─────────

Restez attentif à la singularité de votre prise de parole. À ne pas y prêter attention, vous courez le risque de vous confondre avec les autres. Vous sentez-vous vous-même quand vous exprimez vos opinions ? Veillez donc à la qualité de votre parole, car vous ne pouvez pas l'échanger comme un bien marchand, sous peine de subir une des pires violences qui soient, celle qui vous dépersonnalise.

Votre parole est précieuse si vous reconnaissez qu'elle vous engage dans un dialogue avec l'autre, où il ne s'agit plus seulement de communiquer des informations.

L'ère de l'obscénité

La « société du spectacle » que définit Guy Debord[2], dans les années 1970 déjà, est une société où le monde se trouve remplacé par une masse d'images, considérées comme plus vraies que la réalité elle-même. Nous vivons dans un monde ultraréifié d'objets de consommation, et nous habitons un gigantesque centre commercial. Tout ce qui s'y présente se redouble dans son image et s'achète à tel point que chacun se rend monnayable en achetant. La société du spectacle est aussi une société de l'obscène. On note d'ailleurs, dans les années 1960, une vraie mutation de sens quant à la notion d'obscène : aux traditionnelles réactions de pruderie font place progressivement des appréciations politiques[3]. Sexualisé autrefois, le terme s'est progressivement politisé.

© Groupe Eyrolles

───────────

1. René Char, *Recherche de la base et du sommet*, Gallimard, 1977.
2. Guy Debord, *La société du spectacle*, Gallimard, 1992.
3. Les étudiants nord-américains de l'université de Berkeley ont alors qualifié d'« obscène » la guerre du Vietnam.

Une des conséquences de la société du spectacle est l'abolition des frontières entre privé et public au profit d'une surexposition de la vie privée. Quelles sont les conséquences de cette expansion du privé dans le public ?

Loin de se caractériser par la domination de l'individualisme, la société industrielle est marquée par la perte de l'individualité. Les médias consacrent cette vérité moderne qu'il faut paraître pour être, parler et se montrer même quand on n'a rien à dire. L'existence se résorbe dans le paraître – en témoigne le succès des émissions de télé-réalité où les candidats jouent leur propre rôle sans aucune distance, tout en se valant tous. Comme le faisaient déjà remarquer les penseurs de l'école de Francfort, « *la particularité du moi est un produit breveté déterminé par la société et que l'on fait passer pour naturel*[1] ». C'est là le paradoxe du phénomène de célébrité : devenir quelqu'un qui n'est en réalité personne. Dans une caricature de la singularité démocratique, chacun se croit intéressant, original, compétent ou vulgaire aussi bien que tous les autres, comme si la liberté d'expression donnait le droit de dire et de faire n'importe quoi. Alexis de Tocqueville faisait déjà remarquer, à propos des dangers relatifs au régime démocratique, que l'égalisation des conditions sociales conduit à l'uniformité et au conformisme des modes de vie et de pensée – chacun se voulant l'égal de l'autre – qui favorisent la tyrannie de la majorité[2].

La société de consommation des démocraties libérales contemporaines jubile de se faire l'écho de tous pour être ainsi partout chez elle : à force de « parler de », personne ne « parle à », parce que tous finissent par prendre le même nom. Dans ce mouvement

---

1. Theodor Adorno et Max Horkheimer, *La dialectique de la raison*, Gallimard, 1983.
2. Claude Polin, analysant l'œuvre de Tocqueville, *De la démocratie en Amérique*, écrit : « *L'égalité a donc naturellement tendance à engendrer la soumission au plus grand nombre.* » (*Le totalitarisme*, PUF, « Que sais-je ? », 1994.)

perpétuel, le nom s'autonomise puisqu'il ne se réfère plus à personne. Il est partout où on le prononce et finit par dire plus que la chose même. Chacun se sent être par ce que l'on dit de lui ; le moi devient une fiction parmi tant d'autres, lâché dans le monde. Certes, tout être humain cherche à être reconnu comme une personne distincte de toutes les autres ; n'exister pour personne ou ne compter pour rien dans la société de ses semblables constitue une forme limite de l'existence humaine. Toutefois, il y a une confusion entre l'estime et la célébrité : l'estime de soi recherchée n'a rien de commun avec le culte du moi et de son image ; elle ne consiste pas dans le désir d'exhiber des signes socialement valorisants, mais recouvre un souci de penser par soi-même, comme nous l'avons dit précédemment.

───────── **Les bonnes questions** ─────────

Chaque époque connaît ses troubles et ses errances. En souffrez-vous d'une manière ou d'une autre ? Êtes-vous fasciné par les multiples discours médiatiques au point d'avoir du mal à vous en détacher ? Il ne faut pas cesser de construire et de déconstruire la réalité qui n'est jamais acquise ni dérobée. Cherchez à soumettre ces discours à votre examen critique pour préserver et assurer votre position de sujet autonome.

Vous êtes aussi un animal *ludens* (ludique, aux mille ruses et astuces), qui s'ouvre de nouvelles perspectives s'il ose poser cette question dont le suspens ou la non-réponse est preuve de liberté : « Qui suis-je ? » Tout au long de votre vie, il faut vous la poser.

L'individu évidé à force d'être exhibé

La question du moi n'exige ni exhibition ni révélation, sous peine d'entrer dans l'univers de l'obscénité généralisée décrit par Jean Baudrillard, univers de la transparence imposée qui ne comporte plus de scène, plus de séduction ni de secret. Quel est donc ce moi

qui a la certitude de trouver en lui seul son solide point d'appui et qui, constamment, réclame l'attention du regard social sur lui ?

Selon le sociologue Erving Goffman, un des principes structurants de la vie quotidienne est la démarcation entre les « *régions antérieures* » où nous nous donnons en spectacle, et les « *régions postérieures*[1] », où nous ne sommes plus contraints par la représentation de nous-même (dans l'intimité de la vie familiale par exemple). Or, la réalité à laquelle nous sommes renvoyés devient une vie sans « coulisses ». Nous y modelons nos comportements selon les règles imposées par le paraître social. Et par un renversement radical, c'est le monde des coulisses qui devient la norme, comme s'il y avait une plus-value d'authenticité à afficher ce qui est réservé aux coulisses. Heidegger évoque à ce titre « *la seconde chute de l'homme, la chute dans la banalité* » : banalité travaillée par les normes dominantes, banalité de synthèse par conséquent, sorte de *ready made* de la vie quotidienne. Une telle mise à nu s'apparente à une « *barbarie douce* » selon l'expression de Jean-Pierre Le Goff, à cause de certains discours qui véhiculent l'utopie d'une société transparente, sans aspérité et sans conflit. Ce n'est pas le triomphe de l'individualisme, mais celui d'un modèle social qui fait croire à l'individu qu'il est seul maître à bord.

À la perte de l'individualité correspond une désocialisation de l'individu. Exhibé par les émissions de télé-réalité ou les images de publicité, celui-ci se réduit finalement à une vie amputée de tout ancrage social. Il gesticule au sein d'une existence sociale vide de sens, précisément parce que la curiosité avide pour l'intime semble avoir pour corollaire une indifférence croissante pour le collectif et le public. Il y aurait ainsi à s'interroger aujourd'hui sur le lien entre cette exhibition du privé et une certaine désaffection de « la chose publique », littéralement *res publica*, à savoir la politique. La mode

---

1. Erving Goffman, *La mise en scène de la vie quotidienne*, Minuit, 1973.

des secrets de famille, des déballages médiatiques ou des petites histoires peut se lire comme une dépolitisation. Cette crise démocratique semble marquée par le repli sur un soi privé qui prend plaisir à se regarder et à être vu, comme en témoigne la « peoplisation » des politiques. On assisterait ainsi à une publicisation du privé (nous nous donnons en spectacle) accompagnée d'une privatisation du public (nous sommes tous intimes).

Ce phénomène peut aussi s'expliquer par la préférence manifeste du spectaculaire sur l'objectivité de l'information : le « senssignification » est pulvérisé par le « sens-sensation » qui semble suffire à sa légitimité (« je l'ai vu à la télé, donc c'est vrai »). Tous les horizons de sens sont éclipsés par une quête exacerbée d'authenticité centrée sur le moi qui, bien vite, rencontre le vide, mais aussi le désespoir. En effet, la condition pour être soi, c'est qu'il y ait de l'intimité et du secret, et que cela s'incarne dans un lieu où l'on peut se dire « je suis à l'abri », hors du regard de tout autre. Dans ce lien intime, nous n'avons plus à conformer et à contrôler notre image. C'est en ce sens que l'intimité est une dimension essentielle de la liberté ; cette liberté doit être protégée par le droit à la vie privée, mais devient très souvent l'objet d'une exploitation économique ou patrimoniale, car patrimonialisation et publicisation du privé vont actuellement de pair.

À cet égard, nous pouvons rappeler la réflexion de Walter Benjamin : « *L'humanité qui jadis, avec Homère, avait été objet de contemplation pour les dieux olympiens, l'est maintenant devenue pour elle-même. Son aliénation d'elle-même par elle-même a atteint ce degré qui lui fait vivre sa propre destruction comme une sensation esthétique de tout premier ordre*[1]. »

Réduit et appauvri à une contemplation de soi, le moi devient l'expression d'une humanité invitée et confortée à ne plus penser.

---

1. Walter Benjamin, *L'œuvre d'art à l'époque de sa reproductibilité technique*, Allia, 2003.

Principe de plaisir et principe de réalité passent marché[1]

La société de consommation ressemble au rêve infernal du roi Midas qui transformait toute chose en or : tout ce que touche le marché se transforme en marchandises à consommer et devient très vite trivial. Rien ne semble faire exception, car tout converge vers cette fin.

La logique de la consommation consiste à ne plus séparer principe de plaisir et principe de réalité afin que le plaisir devienne le pivot de la réalité. Le droit au plaisir, à la liberté individuelle du choix, bref, le droit au droit, sont des valeurs de la société contemporaine que l'industrie du sexe par exemple, a su exploiter et transformer en normes socialement reconnues. Selon les analyses de Patrick Baudry[2], c'est dans les années 1980 que les producteurs de pornographie ont profité de ce virage de légitimation, en même temps que la société techno-industrielle leur offrait encore plus de moyens de diffusion. Il est vrai que le pouvoir du sexe tient au fait qu'il peut se mêler à tous les genres, si bien que tout peut se sexualiser. Toutefois, ce qui fait le succès commercial de la pornographie tient indéniablement à une mise en images du sexe l'installant comme « un réel neutre » et faisant de la communication sexuelle un dialogue sans partage, sans lieu ni temporalité.

La recherche effrénée du plaisir et de la distraction devient progressivement le soutien de l'ordre social et non plus sa menace. Elle conduit à une politique de précarisation parce que tout ce qui s'offre, s'offre à court terme selon une instabilité (autrement désignée « mobilité ») censée être la norme. En effet, la société ne cesse

---

1. Ce sont les deux principes régissant, selon Freud, l'ensemble de nos activités psychiques. Le principe de réalité permet de différer le plaisir, voire de le sublimer, à mesure que l'on apprend à tolérer les ajournements imposés par le monde extérieur.
2. Patrick Baudry, *La pornographie et ses images*, Pocket, 2001.

75

d'alimenter de nouvelles promesses en rompant les précédentes. Chaque nouvelle promesse, fourbe et excessive, neutralise l'aspect frustrant de la précédente et maintient ainsi constant le flux et la liquidité des consommateurs[1]. Les promesses n'étant pas tenues, elles se succèdent en exagérant toujours plus ce qu'elles sont censées garantir[2]. C'est ainsi que « *tromperie, excès et déchet {…} garantissent la santé* » du consumérisme, écrit le sociologue Zygmunt Bauman : « *Pour maintenir en vie les attentes, et pour que de nouveaux espoirs se hâtent de remplir le vide laissé par les espoirs déjà discrédités et rejetés, le chemin menant du magasin à la poubelle doit être court, et vite franchi*[3]. »

-------------------- **Les bonnes attitudes** --------------------

Ne cedez pas de façon irréfléchie à la frénésie de la consommation, ni à la mode du déshabillage physique et moral qui cherche à aller toujours plus loin dans une sorte de « spéléologie » de la vérité. Celui-ci n'est pas sans rappeler l'usage des images numériques permettant de sonder l'intérieur du corps par des microcaméras. La vérité n'est pas dans vos viscères, ou alors, autant consulter un devin !

Vous pouvez, à tout moment, être comme ces prisonniers dont parle Socrate, qui prennent les ombres défilant sur les parois de leur caverne pour de vrais objets, parce qu'ils sont manipulés par des « *faiseurs de prestiges*[4] ». Ne prenez pas les comportements que l'on programme à votre menu télévisuel comme étant *la* réalité à laquelle il faudrait se conformer. Il vous arrive peut-être d'être en colère contre cette consommation outrancière où la vie est devenue spectacle et artifice. Mais rien n'est définitif : beaucoup comptent sur vos idées.

---

1. Est consommateur celui qui dispose de « liquide ».
2. On a ainsi pu constater des plaintes portées contre des publicités dont les promesses étaient inouïes comme le mascara pour des cils « atteignant la lune » de L'Oréal.
3. Zygmunt Bauman, *La société assiégée*, Éditions du Rouergue, 2005.
4. Platon, *La République*, Flammarion, 2002.

Quelle idée du bonheur ?

De cette société consumériste à souhait qui tire sa légitimité de la recherche de plaisir s'ensuit nécessairement une certaine idée du bonheur. Il n'est plus envisagé comme un état stable à atteindre, mais comme une série d'instants heureux se succédant les uns aux autres. Il n'y a pas à le cultiver, mais à explorer ou attendre le prochain moment de bonheur qui arrivera, sans que celui-ci soit relié au précédent par l'attention ou l'investissement que nous y aurons mis. « *Pour survivre sur une fine couche de glace, il faut patiner vite* », disait Emerson. Il s'agit d'alimenter toujours plus et indéfiniment le désir par le magnétisme de terres inexplorées ou de voyages sur Mars, d'autant plus séduisants et crédibles que nous ne les avons pas encore testés.

─────────────── **Les bonnes questions** ───────────────

Le bonheur, pour vous, qu'est-ce que c'est ? Des moments heureux ou plutôt une manière de vivre ? Le bonheur est-il ce rêve de réalisation de vous-même, ce point idéal de convergence de votre être ? Comment pensez-vous vous réaliser ?

Si chacun se fait sa propre représentation du bonheur, est-ce que cela implique que les bonheurs des uns et des autres s'opposent ? Mais s'ils s'opposent, ils engendrent alors du malheur. Aussi, comment parler de votre bonheur en faisant l'économie de celui des autres, sans pour autant faire preuve de philanthropie à tout vent ?

Le bonheur, un bien privé ?

Dans les sociétés libérales, le bonheur se conçoit comme un bien privé qu'il faut défendre égoïstement. Chacun revendique un droit au bonheur auquel tout est subordonné, jusqu'à la liberté de penser. Ce spectacle, inéluctablement inquiétant, se profile sous les yeux d'Alexis de Tocqueville : «*Je vois une foule innombrable d'hommes semblables et égaux qui tournent sans repos sur eux-mêmes pour se procurer de petits et vulgaires plaisirs {…}. Il {le pouvoir} aime que les citoyens se réjouissent, pourvu qu'ils ne songent qu'à se réjouir[1]. »*

Mais ce bonheur n'est que repli sur soi et bonheur de l'immédiat. C'est un bonheur contradictoire parce qu'il s'accompagne d'une crainte d'en être à tout moment privé, alors que le vrai bonheur est en principe dépourvu de toute crainte. Il renferme donc en lui-même l'anticipation d'une tristesse, tel le gagnant du Loto craignant qu'on ne lui dérobe sa cagnotte. La marge est étroite entre la joie et l'euphorie dont l'excès et l'artifice témoignent d'une impuissance à être. Les sociétés hyperindustrielles accentuent cette illusion en mettant l'accent sur une image de soi « positive », « dynamique », « en forme[2] », image qui fabrique à son tour un culte du temps et de la jeunesse. L'individu se retrouve fragilisé et fissuré dans son être dès qu'il n'est plus galvanisé par les discours qui contre-façonnent le bonheur à force de l'exhiber. Il a d'autant plus peur d'être confronté au malheur ou même à des moments d'ennui qu'il lui faut être heureux à tout prix.

La puissance ressentie lors de ces moments que nous appelons à tort « bonheur » est en réalité une puissance d'emprunt. Elle est fluctuante puisqu'elle ne dépend pas de nous (nous n'en connaissons pas la cause), mais de circonstances qui nous sont favorables. Nous attendons souvent le bonheur de l'extérieur, c'est-à-dire de ce qui ne dépend pas de nous et nous nous livrons au sort, au bon présage. Ainsi, l'homme heureux est celui que la chance choisit (selon l'étymologie du terme, « à la bonne heure »), il a gagné aux jeux et peut s'offrir tout ce qu'il veut. Mais un bonheur qui nous échoit est un bonheur que l'on n'a pas fait sien, qui n'a engagé personne

---

1. Alexis de Tocqueville, *De la démocratie en Amérique*, Flammarion, 1981.
2. La recherche de la forme, contrairement à la recherche de la santé, n'a pas de norme à atteindre : en tant que telle, elle ne s'achève jamais.

et qui n'appartient à personne. On ne peut que perdre ce que l'on n'a jamais eu puisqu'on ne le possède pas.

La frénésie du bonheur, définie comme l'accumulation ininterrompue de plaisirs, ne peut donc aucunement rendre heureux. Elle masque une fuite de soi qui finit par se convertir en angoisse. Les joies que peut procurer la satisfaction des plaisirs ne sont qu'éphémères et ponctuelles. Elles amènent la tristesse dans leur sillage. Nul plaisir ne parvient à combler vraiment l'individu qui s'épuise dans la vie. Le plaisir, entendu comme mixte de joies et de douleurs, oscille toujours entre le plus et le moins, sans pouvoir se tenir à un optimum : il a, comme le remarque Socrate, la dimension de la *mania* (folie). En multipliant et en intensifiant les plaisirs, l'individu ne cesse de subir alors même qu'il croit agir. Cette erreur repose sur la croyance selon laquelle la mise en mouvement de la vie serait d'elle-même pourvoyeuse de bonheur : « *Tous veulent aboutir toujours, et toujours recommencer* », notait Pascal[1].

Ainsi, le pouvoir de séduction de Don Juan est un moyen de vivre sa vie mortelle comme si elle était éternelle plutôt que de l'empoisonner de soucis : il choisit, par ses plaisirs toujours recommencés (son fameux « catalogue »), de transformer un destin partagé par tous en une destinée privée. Et telle est sa force, tel est son sacrilège. La société de consommation impose, quant à elle, la logique inverse : elle transforme les plaisirs en un sort construit socialement et non plus inventé individuellement. Le fait de recommencer inlassablement devient le mode de vie accessible à tous, et c'est peut-être cela le plus tragique.

---

1. *Op. cit.*

Les bonnes attitudes

Toutes vos actions sont faites en vue du bonheur. Si nous désirons la santé, l'amitié ou encore la gloire ou la richesse, c'est toujours dans le but d'atteindre le bonheur. Tout se subordonne à cette fin suprême. C'est pourquoi il faut veiller à ne pas devenir un cruel égoïste.

Accumuler les plaisirs procure bien sûr des moments de satisfaction ou d'euphorie, mais leur caractère éphémère peut faire sourdre déception et angoisse. N'hésitez pas à vous le dire : vous aspirez à une autre dimension du bonheur, celle, morale, qui vous rend digne d'être heureux. Un bonheur qui vous comblerait au sens où plus rien ni personne ne vous manquerait est illusoire car toute évidence sur soi est promise à l'étouffement. Être heureux suppose une prise de distance avec le monde, les autres et vous-même. Rappelez-vous les paroles de Montaigne : « *Ne vous suivez pas constamment.* »

III.

À nous

Nous sommes embarqués dans un monde avec ses vicissitudes, ses joies et ses peines. Mais ce monde, nous le faisons aussi en établissant nos constitutions politiques et en écrivant notre histoire. Ce monde, il est aussi *à nous*, à ceux qui ont œuvré à son amélioration (technique, politique, morale) et à ceux qui en sont le relais. Si, comme nous l'avons vu, est sujet celui qui existe et agit par lui-même, il faut tout de suite préciser qu'il ne saurait y avoir d'individus isolés dans le monde, où tous interagissent continuellement. « *No man is an island, entire of itself*[1] », constatait le poète John Donne. Nous interagissons avec les autres en permanence et la diversité de nos relations vient enrichir et affirmer notre individualité. La dimension relationnelle de l'individu le pousse à dépasser l'illusion de l'autosuffisance, propre à une manière unilatérale et égoïste de s'affirmer, afin de se réaliser au diapason de tous ceux qui peuplent le monde.

Parler de l'être humain, c'est désigner à la fois le versant de l'individualité et le versant de la communauté qu'il forme avec les autres. On utilise souvent des mots différents pour distinguer l'homme et l'existence communautaire. Ainsi, le terme japonais *ningen* signifie l'être humain, mais ce n'est pas là son unique sens ; il englobe, sous son aspect idéographique, l'espace entre les personnes (*ken, aida*), à savoir le monde social (*nin, hito*), et la personne individuelle (*hito*). L'être humain désigné par ce terme est *le monde* en même temps qu'il est *dans* le monde[2]. Quelque chose du monde résonne en lui de telle manière que rien de ce qui est humain ne lui est étranger, comme le disait Pindare.

---

1. *Méditation XVII*, sur la maladie et la mort.
2. Les disciples japonais de Husserl et de Heidegger se sont penchés sur leurs analyses portant sur le rapport au monde. Ils appartiennent à l'école de Kyoto dont le fondateur est Kitaro Nishida (1874-1945). Cette école témoigne de la rencontre entre philosophie occidentale et spiritualité orientale. Voir aussi à ce sujet l'ouvrage de Bernard Stevens, *Topologie du néant. Une approche de l'école de Kyoto*, Peeters, 2000.

Les ambivalences de la violence

À contempler le spectacle du monde, nous sommes très souvent confrontés à celui de sa violence. Violence de ses bouleversements naturels aux forces dévastatrices et violence des actions humaines quand elles se font meurtrières et sanglantes. Ces deux formes de violence se distinguent en ce que l'une, celle de la nature, n'est pas intentionnelle tandis que l'autre, celle humaine, a pour but de porter atteinte à l'intégrité physique et morale de l'individu. C'est la violence humaine qui nous effraie le plus tant ses effets sont destructeurs et nous font perdre notre confiance en l'être humain. Nous pouvons faire nôtre la réflexion de Kant maintenant vif son espoir dans la propagation des Lumières : « *L'histoire de la liberté commence par le mal car elle est l'œuvre de l'homme*[1]. » « Ça commence mal », selon l'expression commune, mais *à nous* de faire en sorte, à notre échelle, que la suite soit meilleure à mesure que notre compréhension – celle du cœur comme celle de l'esprit – nous dispose à agir en respectant l'humanité de l'autre.

Les bonnes questions

La violence des êtres humains vous désespère-t-elle ? Face aux multiples reportages sur les guerres, vous sentez-vous plutôt anéanti, révolté ou presque blasé ? N'êtes-vous pas tenté de « cultiver votre jardin », protégé de toute violence, à la manière de Candide de retour de son voyage initiatique à travers le « bruit et la fureur » du monde ? Mais il existe des violences bien plus sourdes et indirectes qui font pourtant autant de ravages : ne rien dire, ne rien voir, ne rien entendre.

Comment échapper à ces deux extrêmes que sont la révolte aux accents de règlements de compte et l'indifférence aux replis dédaigneux et égoïstes ?

---

1. Emmanuel Kant, « Conjectures sur les débuts de l'histoire humaine » dans *Opuscules sur l'histoire*, Flammarion, 1990.

La violence de l'égoïsme

Nous commencerons par examiner la violence propre à l'égoïsme qui correspond à une inflexion générale de nos sociétés de consommation. La logique du marché flatte notre ego : celui-ci affiche sans pudeur des plaisirs et des attentes le concernant exclusivement. Quand l'égoïsme du plaisir est à son comble, c'est-à-dire lorsque chacun ne tend qu'à satisfaire ses désirs, l'individu est amené à user de sa force et de son énergie de manière violente, en contraignant ses semblables à se plier à ses exigences.

On peut définir la violence comme l'usage des forces dont dispose l'individu à des fins destructrices tant sur soi que sur les autres. Violence est faite ici à ce qui nous résiste, mais aussi à nous-mêmes car nous devenons prisonniers de nos appétits. Si ce qui compte le plus pour nous, c'est de jouer au casino, peu importe si nous contrarions ceux qui voudraient partager quelque chose avec nous, car notre vie, c'est le jeu. Mais une telle vie, qui peut vraiment la supporter ? Elle conduit nécessairement à la destruction des autres étant donné qu'ils ne sont jamais reconnus dans leur liberté. Ils ne sont que des moyens, des occasions plus ou moins favorables pour aiguillonner le désir. On peut ainsi se servir de l'autre en jouant de ses sentiments et en usant de fourberies, tel le personnage de Scapin chez Molière.

L'égoïsme est une violence que l'on se fait à soi-même. Celui qui craint d'être tyrannisé par la violence de son égoïsme doit-il se faire lui-même violence afin de le maîtriser ? En fait, il est plutôt question d'une sage économie (ou gestion) des plaisirs : les placer, les échanger ou les calculer pour éviter et juguler tout excès et toute démesure propices à la violence. Faire l'économie des plaisirs, c'est faire, à la fois, l'économie de la violence. On observe en effet, sur le plan collectif, que les sociétés de consommation, tout en alimentant l'idée d'un bonheur consumériste et égoïste, se préoccupent conjointement de gestion et de contrôle de la violence. Cela présuppose un lien, en apparence paradoxal, entre bonheur et violence. Les revendications individuelles sont d'ailleurs souvent plus d'ordre économique (un pouvoir d'achat accru) que politique (droit du travail, égalité des salaires homme-femme, etc.), parce que la possession immédiate des choses (vêtements, voitures, etc.) donne l'image du bonheur. Autrement dit, ce qui est vrai sur le plan individuel se vérifie sur le plan collectif : les images qui alimentent le consumérisme corroborent l'idée d'un bonheur matériel auquel chacun a droit et s'accompagnent de l'idée que s'y conformer ou en être exclu est un enjeu existentiel.

Droit au bonheur et droit à la parole

À ce droit au bonheur se conjugue le droit à la parole, c'est-à-dire la possibilité qu'a chacun de s'exprimer et de se faire entendre. Or, on le répète assez, le dialogue, fût-il un entrelacement de véhémences verbales, serait l'antidote à la violence : la violence qui parle et qui, pour se justifier, en appelle au langage commun, parle en réalité contre la violence. L'homme se montre plus homme lorsqu'il est capable de transformer un combat en débat et de changer l'adversaire en partenaire. Telle est la victoire de ce que l'on appelle communément la « démocratie », qui consiste à instaurer des délibérations publiques sur tous les problèmes d'intérêt commun et à dépasser les oppositions afin de permettre ainsi à chacun d'œuvrer à son propre bonheur. De ce point de vue, la violence met en péril des biens estimés essentiels à l'être humain, à savoir son bonheur, sa vie, sa liberté.

Qu'advient-il alors s'il y a un décalage entre un droit au bonheur et un droit à la parole ? Autrement dit, si l'aspiration aux plaisirs égoïstes qui saturent tout l'espace public dégénère en violence ? N'est-ce pas faute de pouvoir formuler cette parole en son nom propre ?

Si chacun a droit à la parole, il y a toutefois des exclus de la parole publique, des muets. Ceux-là ne disposent pas des ressources matérielles et intellectuelles qui leur permettraient de participer aux pouvoirs réels (vote, liberté d'expression) ou d'avoir recours aux contre-pouvoirs (autorité judiciaire, syndicalisme, Conseil constitutionnel, etc.) Comme le dit Zygmunt Bauman de façon lapidaire, « *le rebut est le secret sombre et honteux de toute production*[1] ». Et lorsqu'on ne peut pas s'inscrire pacifiquement sur l'intelligence des autres, faire part de ses idées et se faire comprendre, la seule façon d'exister est de laisser physiquement des traces sur le corps de l'autre. La violence est ici liée à l'incapacité de mettre en mots sa pensée, qui se cogne aux parois d'un crâne jusqu'à l'insupportable et qui finit par exploser dans un acte incontrôlé de violence. Qui peut distinguer, dans ces conditions, le véritable objet de la violence ? « *En voulez-vous aux syllabes ou à la chose qu'elles signifient ?* », se demandait Pascal[2].

Le bonheur semble donc à portée de main, mais hors de portée des mots de ceux qui en sont privés. Ce qui est en main, comme reste d'une affirmation de soi vacillante, c'est la violence, spectaculaire et imprévisible, qui apparaît comme un moyen d'action simple et efficace[3].

---

1. Zygmunt Bauman, *Vies perdues. La modernité et ses exclus*, Payot, 2006.
2. Blaise Pascal, *Les provinciales*, LGF, 2004.
3. Selon l'étude de Laurent Mucchielli, il convient de distinguer trois types de violence, souvent mêlés dans les discours des médias et des policiers : il y a ce qui relève des agressions entre jeunes, ce qui relève des agressions souvent préméditées et dirigées contre des biens ou des personnes inconnues, et enfin ce qui relève des agressions commises dans les cités, souvent sous le coup de l'émotion, et dirigées contre les représentants de l'État (on les appelle « les violences urbaines »). L'origine de cette dernière catégorie de violence est dans « *un besoin de reconnaissance identitaire et une agressivité larvée qui rend plus cruciale encore la question de l'accès à la parole politique* ». (« Violences urbaines, réactions collectives et représentation de classe chez les jeunes des quartiers relégués de la France des années 1990 », *Actuel Marx*, 1999.)

La violence du marché

À cette violence visible fait face une violence cynique consistant à compter sur l'égoïsme ambiant. Ceux qui sont trop occupés à défendre leurs intérêts pour risquer une prise de parole ne dérangeront pas la balance du marché économique.

Selon les analyses de l'anthropologue Ernest Gellner, à la figure du guerrier s'est progressivement substituée celle de l'homme industrieux et affairé, au fur et à mesure que la production tant économique que militaire s'est intensifiée. Cette substitution sur le plan des relations sociales est concomitante à une représentation mercantile des biens à posséder et à un individualisme croissant. Le mot « commerce » lui-même se chargera d'une connotation morale de civilité, à tel point que le « *doux commerce* » dont parle Montesquieu semble être le remède à la violence, alors qu'il ne fait que taire momentanément les conflits éventuels en brandissant l'idée d'enrichissement réciproque. Si la violence est du côté d'une force imprévisible qui surgit et ébranle un ordre établi, le commerce, quant à lui, nécessite une certaine constance pour assurer ses prévisions et ses calculs. Il tolère la violence tant qu'elle reste gérable, c'est-à-dire tant qu'elle ne réintroduit pas d'imprévisibilité.

Ainsi, ceux qui n'accèdent pas au bonheur de consommation et menacent de se montrer violents sont encore considérés du point de vue de la souveraineté du consommateur. On cherche à couvrir la violence de ceux qui n'ont rien à perdre par une violence cette fois invisible et presque feutrée, celle des discours pragmatiques d'inspiration libérale qui affirment la nécessité qu'il y ait des miséreux. Une telle violence entérine la confrontation visuelle et logique de ceux qui sont « sans » (sans papier, sans couverture médicale, sans logement, sans travail), avec ceux qui sont encore « avec[1] ».

On retrouve ce calcul dans la logique sécuritaire qui intègre la violence comme un moyen pour stigmatiser des problèmes sans en

---

1. François Chobeaux, *Les nomades du vide*, Actes Sud, 1999.

chercher la cause réelle. En effet, l'effort généralisé de sécurisation installe un *continuum* unique de préoccupations déclinées, selon François Gros, en « continuum *de la sécurité, du policier au militaire,* continuum *des menaces, du risque alimentaire au risque terroriste,* continuum *de la violence, de la catastrophe naturelle à la guerre civile,* continuum *de l'intervention, de l'agression armée d'un État voyou au secours humanitaire,* continuum *des victimes, du réfugié hagard à l'enfant maltraité*[1] ». Autrement dit, les différents registres où s'exerce la violence sont amalgamés de manière à rendre impossible toute tentative d'en établir les causes et à pouvoir ainsi la juguler.

─────────── **Les bonnes attitudes** ───────────

Nous avons tous de la violence en nous, et elle s'exprime différemment selon notre perception de l'injustice. Le sentiment d'injustice peut conduire à commettre à son tour des injustices. Il faut se méfier d'un tel sentiment, qui s'accompagne souvent d'une impression de légitimité, comme si on avait le « droit pour soi ». Vous voulez peut-être montrer, par vos colères ou vos indignations, que vous vous sentez concerné par ce qui arrive aux autres alors qu'en réalité ce sont vos intérêts égoïstes que vous cherchez à défendre avant tout. Il est vrai que la société libérale, en valorisant les jouissances matérielles et les mentalités individualistes, encourage une violence propre à l'égoïsme, destructeur de tout lien social comme de toute autorité.

« Autant ne pas se faire d'illusions, les gens n'ont rien à se dire, ils ne se parlent que de leurs peines à eux chacun, c'est entendu. Chacun pour soi, la terre pour tous. » (Céline[2])

Malgré ces sombres perspectives, il y a des raisons d'espérer en instaurant des contrepoids face à ces tendances lourdes d'un « moi » devenu despotique.

───────────

1. François Gros, *États de violence. Essai sur la fin de la guerre,* Gallimard, 2006.
2. Louis-Ferdinand Céline, *Voyage au bout de la nuit,* Gallimard, 1952.

La société de l'indignation

S'il est moralement attendu de s'indigner des injustices que peuvent subir des peuples ou des individus, encore faut-il en être informé. À l'ère des « autoroutes de l'information », l'argument de l'ignorance perd rapidement toute crédibilité face à une information aisément lisible et disponible partout. Il est facile de s'informer mais c'est souvent la gêne, voire la honte de ne pas être au courant qui sont plus forts que le désir de s'enquérir de ce qui a eu lieu. La disponibilité de l'information nous disculpe et nous justifie. Ce qui s'est du coup rapidement imposé, c'est le mythe publicitaire de l'information instantanée et sans effort. Certains journalistes déplorent d'ailleurs être privés du temps nécessaire à tout travail d'enquête. Ils restent soucieux de vérité face à l'injonction de faire circuler des faits brandis comme des étendards et peu analysés[1]. Ce qui prime est le reportage et le penchant à s'indigner. Mais de quoi s'indigne-t-on précisément ?

──────────────── **Les bonnes questions** ────────────────

Confronté à la masse d'informations qui circulent, à leur caractère peu explicite ou trop partisan, n'avez-vous pas envie de faire partie d'une organisation indépendante dans l'espoir de mieux comprendre les choses ? Quel support utilisez-vous pour vous informer ? Cela vous satisfait-il ?

---

1. Le développement de la télévision numérique terrestre (TNT) a provoqué la multiplication des chaînes d'information en continu. Elles ciblent souvent les cadres supérieurs en les abreuvant avant tout d'informations financières. Par exemple, sur LCI, les journaux ne dépassent pas les huit ou neuf minutes ; un sujet moyen dure entre 50 secondes et 1,20 minute. La production se fait à flux tendu. Le zèle des journalistes conforte les espérances des patrons de chaîne qui, en guise de pluralisme, évoquent le « plurimédia ». Sur ce sujet, se reporter à l'article « Des chaînes tout info bien peu dérangeantes » de Marc Endeweld, in *Le Monde diplomatique*, juin 2007.

Face à l'apathie comme à l'égoïsme, la liberté de la presse vous sem-ble-t-elle un moyen précieux pour contrecarrer ces tendances nuisibles à une société vraiment libre ?

Mais en même temps, n'êtes-vous pas saturé des malheurs du monde et tenté par l'indifférence quand les médias parlent une énième fois d'un Éthiopien mourant de faim ou d'un nouveau camp de réfugiés, ayant chacun besoin de l'aide des pays développés ? L'information immédiate et en continu ne finit-elle pas par provoquer en vous des préjugés racistes ?

La logique de l'indignation

Il est intéressant de noter comment, parallèlement à la masse d'informations qui circulent, s'est formé tout un enchevêtrement de pratiques, d'associations et de contre-pouvoirs destinés à se défier de la systématisation de l'information. Celle-ci étant à la fois un bien public et un bien marchand, son indépendance est toujours plus ou moins minée, surtout quand la rédaction d'un quotidien est aux mains d'un faible actionnariat. Si, dans un premier temps, l'indignation dénonçait l'exhibition complaisante de la souffrance d'autrui, elle vise désormais l'économie politique de la démocratie moderne. Face aux dérégulations économiques et financières mondiales, à qui devons-nous nous en remettre pour nous forger une opinion ?

L'espace public s'est modifié en engendrant une nouvelle forme de citoyenneté qu'incarnent aussi bien le réseau Internet, les ONG (humanitaires, médicales ou urgentistes), les votes sanction (référendum sur l'Europe) ou toutes formes de résistance, aux marges des pouvoirs institués. Une telle émergence vise, selon les analyses de Pierre Rosanvallon, « *à compenser l'érosion de la confiance par une organisation de la défiance*[1] », qui ne s'exprime plus par les voies

1. Pierre Rosanvallon, *La contre-démocratie. La politique à l'âge de la défiance*, Seuil, 2006.

syndicale et technocratique. L'indignation est devenue contestataire, elle a promu l'engagement dans des activités sociales et humanitaires, qui apparaît aujourd'hui comme la version séculière de la charité. L'écrivaine indienne Arundhati Roy constate ainsi une « ONG-isation » des formes de résistance à mesure qu'elles se dépolitisent : par exemple, en employant des personnels locaux qui auraient été autrement militants, mais « *sentent désormais qu'ils font le bien de manière immédiate tout en gagnant leur vie. La résistance politique n'offre pas ce genre de raccourcis*[1] ». Ces élans humanitaires sont ambivalents. Ils peuvent s'interpréter soit comme une prise de conscience individuelle qui prend la tournure de la compassion éprouvée pour tout être humain en difficulté, soit comme une simple parure éthique qui sert de prétexte à une critique généralisée de l'autorité politique. Dans les deux cas, il s'agit d'une *contre-démocratie*, au sens où elle est à la fois *tout contre* les pouvoirs politiques établis qu'elle surveille, et contre leurs stratégies qu'elle conteste et dénonce.

Les dessous de la compassion : la complaisance

L'indignation peut tourner à la tyrannie de la culpabilité, héritée d'une tradition occidentale et judéo-chrétienne de l'autocritique (exception faite des États-Unis, qui souffrent plutôt d'une surconfiance en eux[2]). Ses manifestations contemporaines se lisent notamment dans l'attention nouvelle portée à l'idée de minorité par opposition à un monde qui se mondialise[3]. L'engagement

---

1. Arundhati Roy, article paru dans *Le Monde diplomatique*, octobre 2004.
2. Seule une coopération politique entre Europe et États-Unis permettrait d'éviter le déclin de l'Occident, si l'on en croit l'analyse de Samuel Huntington dans son ouvrage fameux, *Le choc des civilisations*, Odile Jacob, 1997.
3. Des courants progressistes auraient, selon l'analyse de Julien Landfried dans *Contre le communautarisme* (Armand Colin, 2007), contribué à la convergence libérale-communautariste en échafaudant une théorie de la suprématie du « droit à la différence », qui tend à se substituer à l'idée d'égalité et produit « *l'engrenage des revendications victimaires* ».

humanitaire massif prend le relais d'une certaine déshérence politique. L'aide aux « minorités » est perçue comme un rapprochement avec l'autre, si possible différent par sa culture ou ses croyances, et mettant ainsi en lumière les manques de notre propre société. L'autre est alors identifié au différent, comme si l'altérité supposait nécessairement la différence.

En raison de cette confusion, ce qui gagne en force est un discours de type communautariste : la communauté est plus importante que l'individu. En prônant la reconnaissance des minorités – qu'elles soient religieuses, sexuelles ou nationalistes –, on ouvre la porte aux guerres identitaires. Mais comme l'indignation prend le parti de celui qui pâtit d'une situation, le processus d'identification qu'elle implique devient un obstacle au jugement porté par la raison : on s'identifie aux faibles et aux opprimés, quand bien même leurs revendications iraient à l'encontre de nos opinions. L'indignation se définit, en effet, comme « *la haine pour quelqu'un qui a fait du mal à autrui*[1] », et conduit donc à des comportements passionnels, et, partant, excessifs et injustes.

Il ne s'agit nullement de déprécier les engagements motivés par la compassion car, comme le souligne Spinoza, « *celui que ne meut ni la raison ni la pitié à être secourable aux autres, c'est à bon droit qu'on l'appelle "inhumain"*[2] ». Comme son nom l'indique, la com-passion consiste à pâtir, à souffrir avec l'autre et à maintenir un lien d'humanité entre les hommes. Seulement, les actions menées sous l'effet des passions ne sont pas toujours justes ; elles peuvent faire que nous nous trompions et regrettions nos engagements jusqu'à perdre même tout espoir dans la nature humaine. Qui ne revient pas désabusé, sinon meurtri, de ses aventures dans le social ? On pourrait rétorquer, à juste titre, que l'urgence d'une situation ne

---

1. Baruch Spinoza, *Éthique*, III, « Définition des affects », Gallimard, 1994.
2. *Ibid.*, IV, 50, scolie.

permet pas le délai de la réflexion. Mais c'est aussi la raison pour laquelle des actions faites dans l'urgence ne seront jamais satisfaisantes. Notre compassion nourrit notre bonne conscience et, disons-le, celle de l'homme blanc appartenant à une nation civilisée. L'image philanthropique d'une fillette blonde accordant son affection à un enfant noir est devenue un cliché. De même, l'exploitation de l'idéologie de la fraternité humaine fortifie l'idée que l'égalité des peuples est plutôt le résultat de la bienveillance occidentale[1]. La réciprocité est rarement mise en avant – y compris au sujet du commerce dit « équitable[2] ».

La misère du monde

Les hommes peuvent être identiques *ou* différents, ou à la fois semblables *et* différents, mais ne sont jamais égaux *ou* différents. En effet, la différence appartient au registre de la nature (ce qui est), alors que l'égalité appartient à celui de la politique (ce qui est décidé par tous et institué). C'est le droit, et jamais la nature, qui reconnaît l'individu comme une personne dont la vie et la liberté doivent être protégées par un État. Ce faisant, le droit inscrit en l'homme la valeur de sa propre liberté et les conditions nécessaires (se nourrir, se vêtir, se loger) en vertu desquelles son existence conserve son caractère respectable. L'égalité des droits se fonde sur l'idée que tous ont une égale dignité parce qu'ils existent comme

---

1. L'idéologie de la grande famille humaine est brocardée tant dans les images publicitaires (Benetton ou Coca-Cola) que dans des tubes enregistrés où figurent les sourires des chanteurs triomphant de leur diversité phénotypique en même temps qu'ils parviendraient à vaincre la famine.
2. Il n'y a qu'à interroger les présupposés sur lesquels reposent les expositions sur les arts dits « primitifs » pour s'apercevoir d'un tel déséquilibre. C'est l'occidental qui entre dans un processus d'identification avec l'art africain, destiné à *nous* redécouvrir et revivifier le lien avec *nos* pulsions. Le résultat est que c'est *nous* qui augmentons notre compréhension de nous-mêmes et de notre rapport à l'art. Sur ce point, voir l'ouvrage de Sally Price, *Arts primitifs ; regards civilisés*, ensba, 2006.

des sujets autonomes[1]. C'est pourquoi le déni de reconnaissance juridique est une blessure morale en tant qu'il porte atteinte à la personne en sa qualité de valeur absolue. Celle-ci se voit parfois relativisée par l'exercice d'un droit inégalitaire, qu'il s'agisse des restrictions de la citoyenneté des immigrés ou des zones de non-droit comme les prisons, les zones de transit ou de l'exploitation sans limite des forces de travail dans certaines entreprises. Dans un monde social où la plupart des individus se voient déclassés ou soumis au risque du chômage, l'injustice sociale et juridique est considérée comme d'une effrayante banalité. Pierre Bourdieu parle, à ce titre, d'une « *misère de position* » très réelle, mais qui est perçue comme relative comparée à la grande misère de condition de vie de certains pays. Cette dernière est utilisée à des fins de condamnation (« tu n'as pas à te plaindre ») ou de consolation (« il y a bien pire »), si bien que « *constituer la grande misère en mesure exclusive de toutes les misères, c'est s'interdire d'apercevoir et de comprendre toute une part des souffrances caractéristiques d'un ordre social[2]* ».

Toutes les misères sont vécues comme des dénis de reconnaissance morale. La reconnaissance juridique ne suffit pas à garantir la certitude de notre propre dignité. Il faut suffisamment de ressources psychologiques et symboliques pour être à même de mener une révolte individuelle et une organisation collective. Les luttes organisées par les exclus pour les minima sociaux sont en effet très rares, à ce point que Bourdieu intitulera une de ses réflexions « Le mouvement des chômeurs : un miracle social[3] ». Ces luttes permettent d'une part d'arracher les « miséreux » à l'invisibilité, au silence, bref, à l'inexistence sociale, et d'autre part de dévoiler les discours qui tendent à rendre la précarité vertueuse en cherchant à la masquer. On comprend alors toute

---

1. Sur ce sujet, se reporter à la partie I du présent ouvrage, p. 26.
2. Pierre Bourdieu, *La misère du monde*, Seuil, 2007.
3. Pierre Bourdieu, *Contre-feux*, Éditions Raisons d'agir, 2001.

l'importance de la solidarité sociale qui permet aux individus d'une société de vivre ensemble et de continuer à *vouloir* vivre ensemble. Elle suppose que les autres, particulièrement ceux qui savent, puissent lutter avec ceux qui sont démunis pour l'obtention ou la reconnaissance de leur dignité morale et juridique.

La dénonciation

La démocratie apparaît ainsi moins comme un fait historique assignable que comme une exigence travaillant la société civile dans son entier. D'où le paradoxe suivant : jamais aussi présente parmi les communautés humaines, elle a rarement été aussi contestée de l'intérieur. Le citoyen que l'on dit individualiste ou passif ne cesse en réalité de s'exaspérer, de critiquer et de dénoncer, bref, d'attendre quelque chose de la promesse démocratique. En évidant le sens des institutions publiques, en aiguisant les frustrations et en distillant un climat de défiance et de soupçon envers l'autorité démocratique, la sphère de la contre-démocratie stigmatise l'envers et le négatif de la démocratisation. C'est le glissement dans une paranoïa du « tous pourris », du mécontentement généralisé, du recours à une victime émissaire. La masse populaire légitime s'est dégradée en masse procédurière et irresponsable. On retrouve cette mise en garde chez Auguste Comte, pour qui « *toutes les complications sociales inspirées par la défiance n'aboutissent réellement qu'à l'irresponsabilité*[1] ». La multiplication des contre-pouvoirs ne masque-t-elle pas finalement le vide dans lequel s'engouffre la direction collective de la société, faute de pouvoir dépasser la pluralité des positions et de formuler un bien commun ?

Les nouvelles politiques sociales tentent de reformuler ce bien commun en redessinant les conditions du vivre ensemble : il faudrait mériter l'aide dont on bénéficie. Le droit à vivre dignement se

---

1. Auguste Comte, *Catéchisme positiviste*, Flammarion, 1966.

retourne en un « devoir de », et les acteurs sociaux deviennent responsables de leurs difficultés à se procurer un emploi, à réaliser leur projet de vie, etc. Les avatars de la précarité (inégalité, injustice) sont justifiés par une incapacité personnelle à se hisser à la hauteur des valeurs universelles de liberté, d'égalité et de fraternité. L'assignation à la responsabilité individuelle, accompagnée d'une recherche des causes psychologiques, fait du RMIste l'auteur de sa précarité et renforce le mépris social[1].

Une telle personnalisation a des conséquences redoutables : la recherche infructueuse de travail mine la confiance dans les capacités, habituellement soutenues par le travail, qu'a chacun de transformer son vécu. Si l'on ne vit pas pour travailler, il reste que l'on travaille pour assurer les conditions de la vie elle-même (se nourrir, se vêtir, se loger). L'attachement aux règles du travail est ainsi un attachement vital. Il est d'autant plus manifeste lorsque la vulnérabilité sociale engendre une vulnérabilité vitale, car, comme le note Nicole Maestracci, « *le constat est aujourd'hui partagé que l'état de santé physique et psychique des personnes en situation de grande précarité est plus dégradé que celui de la population générale*[2] ».

La logique contractuelle des politiques sociales – nous avons des droits parce que nous avons des devoirs – modifie ainsi la nature du lien social. De plus, la moralisation de la question sociale et la pénalisation du manque (de logement, de civilité…) détruisent le tissu social et provoquent l'intolérance[3]. L'injonction à vivre dignement devient injonction à faire un travail sur soi censé favoriser

---

1. « *Les chômeurs se sentent inutiles au monde {…} et ils se vivent aussi comme des êtres sans valeur.* » (Vincent de Gaulejac et Isabel Taboada-Léonetti, *La lutte des places*, Desclée de Brouwer, 2007.)
2. Nicole Maestracci, « Enjeux éthiques des conséquences sanitaires de la précarité », Journée de travail, 25 mai 2005, organisée en partenariat avec Médecins du monde et Emmaüs.
3. Voir à ce sujet l'ouvrage de Véronique Guienne, *L'injustice sociale : l'action publique en question*, Érès, 2006.

une reprise en main de son destin. On incite notamment les chômeurs à mettre en forme leur propre biographie, réduite à une confession à cause du poids de la culpabilité implicite : c'est le « projet personnel d'insertion ». Or, qualifier une vie par l'identité négative de « chômeur », c'est non seulement rattacher le mouvement d'une vie individuelle à sa seule inscription dans les normes sociales, mais c'est aussi accepter que la construction de soi obéisse à l'arbitraire de la logique sociale. Reste alors à ces vies, précarisées dans leur nom même, effacées sous l'identité qui les injurie, à faire de l'injure le point de départ d'une lutte spécifique. Comme le note Claude Julien, « *à défaut d'optimisme, reste toujours pour quiconque choisit de se battre contre l'inacceptable, la volonté d'espérer*[1] ».

La précarité sociale

S'il est toujours possible d'imaginer des sociétés sans leur flot endémique de miséreux, force est de constater que les sociétés modernes se sont développées sur fond de précarisation des vies humaines. La précarisation, masquée souvent par l'impératif de l'adaptation, accompagne tout type de gouvernement prônant la flexibilité.

La fragilité du lien d'humanité est ainsi révélée dans l'expérience de la précarité sociale. Les figures de la précarité (pauvreté, marginalité et mépris social) hantent la vie en la menaçant de cette mort sociale que l'on redoute (à travers le spectre du chômage). Le quotidien de la vie, faussement célébré dans les émissions de télé-réalité[2], n'est pas quelque chose d'assuré ni de donné une fois pour

---

1. Claude Julien, *Le devoir d'irrespect*, Éditions HB, 2007.
2. L'apologie naïve du banal, du quotidien ou du naturel est finalement une fabrication sociale car il ne s'agit en aucun cas dans ces émissions de mettre au grand jour de petites vies devenues soudainement illustres, mais plutôt de légitimer le monde social tel qu'il est.

toutes, comme nous le montre l'irruption de l'homme précaire, « *enfoncé dans le quotidien et privé de quotidien*[1] ».

La construction de l'individu est inséparable des relations qu'il noue avec ses semblables. De ce point de vue, « *la dépendance et la vulnérabilité ne sont pas des accidents de parcours qui n'arrivent qu'aux "autres", quels qu'ils soient : ce sont des traits de la condition de tout un chacun*[2] ». Si la crainte de porter un regard sur ceux qui sont dans l'infortune est une attitude « humaine, trop humaine[3] », elle porte avec elle l'illusion de préserver un cordon de sécurité. Grâce à elle, nous tenons éloigné le malheur des autres, assimilé à une maladie contagieuse ou à une « pollution visuelle ».

Ainsi en est-il de Los Angeles, véritable laboratoire social et urbanistique, qui préfigure le modèle des mégapoles modernes avec la destruction de toute mixité sociale par le cloisonnement strict des populations. Certains quartiers sont ainsi laissés à la domination des gangs tandis que les couches les plus aisées se rassemblent dans des zones réservées, « bunkerisées » grâce à la généralisation de la vidéosurveillance et des milices de sécurité privées. De nouveaux types d'enclaves émergent en accord avec la militarisation du paysage parce que, selon la police, le « zonage » permet de résoudre des problèmes de criminalité. Des districts sont ainsi distingués en fonction des classes sociales. L'établissement de « districts de mieux-être » autofinancés estompe davantage encore la frontière entre police publique et privée dans cette ville[4].

C'est un fait que l'existence humaine, structurellement ouverte aux autres, creuse en elle des dépendances qui s'apparentent parfois à

---

1. Maurice Blanchot, *L'entretien infini*, Gallimard, 1969.
2. Patricia Paperman et Sandra Laugier, *Le souci des autres*, EHESS, 2006.
3. En référence à l'ouvrage de Friedrich Nietzsche, *Humain, trop humain*, Gallimard, 1987.
4. Sur ce point, se reporter à l'ouvrage de Mike Davis, *Au-delà de Blade Runner : Los Angeles et l'imagination du désastre*, Allia, 2006.

des formes d'asservissement. L'existence fait place malgré elle, au mouvement des autres vies qui la bouleverse, la déplace ou la défait, jusqu'à la mettre parfois en péril. La vie peut soit être confirmée par le jeu intégrateur des normes sociales, soit, au contraire, être infirmée et rejetée par leur jeu discordant. Cela revient à dire que l'évidence accordée au respect inconditionné pour toute vie – et à celui de la protéger – est mise à mal face aux présupposés sociaux qui conditionnent la reconnaissance de son humanité. Dans la société, l'être humain n'est pas d'emblée reconnu et respecté comme tel. Il doit donc être arrimé à des minima sociaux (droit au logement, à la santé, à l'alimentation[1]), capables d'assurer au mieux son développement.

Cette reconnaissance de l'humain peut aussi se perdre dans l'expérience de la précarité en ce qu'elle isole, signe la propension à une parole sans repère et coupée de celle des autres. Nous pouvons ainsi être frappés par les personnes errantes, parlant seules dans la rue ou le métro. Si l'enfant parle tout seul en jouant, c'est parce qu'il joue avec ses paroles, en même temps qu'elles participent à la construction de son rapport aux autres. *A contrario*, la parole de la personne « clochardisée » ou désocialisée ne crée pas d'altérité, mais traduit la solitude même ; il s'agit d'une parole incontinente, qui déborde d'elle-même et qui s'établit dans un non-lieu qui ne regarde personne. L'expérience de la précarité sépare ainsi les vies qui, réunies, pourraient être le point de départ pour un demain plus généreux.

---

1. En novembre 2004, le conseil de la FAO (Organisation pour l'agriculture et l'alimentation des Nations unies) s'est mis d'accord sur les directives concernant le droit à l'alimentation (accès aux ressources, indications aux législateurs, allocations de ressources budgétaires) afin d'établir le droit universel de l'homme à une alimentation adéquate que les États doivent garantir.

L'agir créateur ou comment dépasser les normes sociales

La plupart de nos actions répondent aux normes sociales car cela leur assure une meilleure garantie de succès. Mais elles y répondent « plus ou moins », étant donné qu'une norme ne vaut que par les écarts qu'elle institue. Une norme se définit par une moyenne statistique qui se base sur la plus grande fréquence observée ; elle prescrit, à partir de cette moyenne, des valeurs et des comportements. L'écart, loin de s'opposer à la norme, en règle le cours : toute vie se définit par sa capacité à s'écarter des normes et à les renouveler. C'est à ce titre que Michel de Certeau note la possibilité de recourir à des « micronormes » singulières, en détournant ou en réalisant autrement les normes majoritaires[1]. La créativité de notre action au quotidien nous permet de nous réapproprier les techniques de production, par exemple, en y inscrivant notre propre style et en cherchant à tirer profit des normes établies. Être privé de travail devient à coup sûr un obstacle pour maintenir de l'écart ; dans ce cas, il nous faudra alors un énorme courage, allié à la persévérance, pour faire de cet obstacle l'occasion de découvrir notre propre inventivité.

Jouer et déjouer la norme

L'agir créateur[2], c'est le fait de réaliser de façon toute personnelle la norme prescrite. Il ne s'agit pas seulement d'être capable de trouver les moyens adaptés pour réaliser la norme (avoir tel diplôme pour intégrer tel poste de travail), mais aussi de dégager de nouveaux buts qui la confrontent à d'autres perspectives. Nous ramenons ainsi à nous-mêmes ce qui a initialement une valeur générale ; nous exprimons dans nos manières de penser ou nos manières d'agir, ce

---

1. Michel de Certeau, *L'invention du quotidien*, Gallimard, 1990.
2. Hans Joas, *La créativité de l'agir*, Le Cerf, 1999.

que Michel de Certeau qualifie d'« *art du braconnage*[1] ». Le quotidien s'invente dans les détournements que nous produisons en modulant les normes admises par tous. C'est là le style que nous imprimons à notre action et qui la caractérisera.

L'agir créateur ne se limite pas à des actions créatrices et rares : il se concrétise, dans la vie ordinaire, par le succès de ce que nous entreprenons qui alimente la confiance en nous et nous assure une stabilité psychique et affective. La continuité des succès réitérés sédimente ainsi l'agir créateur qui en ressort affermi. Cette sédimentation fait défaut quand nous sommes pris dans une logique de perte (emploi, logement, etc.) qui nous inféode à un désinvestissement de nous-mêmes et de nos capacités créatrices. En effet, à quoi bon tenter une énième action quand rien n'a réussi et que tout semble résister à une empreinte possible dans le monde ?

Le vecteur de la confiance en soi

La confiance en soi est inévitablement suspendue à l'intégration sociale qui la rend florissante ou, au contraire, l'annihile. Les possibilités de pouvoir choisir son métier dynamisent l'individu. Elles lui permettent de développer ses capacités individuelles (talent particulier, apprentissage pour les former, etc.) et de trouver sa satisfaction personnelle.

Sous son versant économique, la relation de confiance devient le principe sur lequel repose le *new management*[2], qui s'adresse principalement aux cadres pour les mobiliser toujours davantage. Dans l'entreprise post-taylorienne, la confiance n'est plus seulement technique, elle est humaine. Elle dépend de la capacité du cadre à faire adhérer les salariés dont il a la responsabilité à un projet. On

---

1. *Op. cit.*
2. Le *new management* désigne la nouvelle organisation du travail, apparue aux États-Unis, dès le début des années 1980.

saisit combien l'usage de cette capacité détermine la qualité des relations humaines sur le plan professionnel quand on sait l'efficacité symbolique qu'exerce cette nouvelle forme de confiance interpersonnelle : échouer, pour un salarié, dans la réalisation de la mission, revient à trahir la confiance placée en lui. Ce n'est plus au bureau d'études de revoir l'organisation, ce sont les individus qui doivent changer. La grande volatilité de la confiance, qui se donne aussi vite qu'elle se retire, explique en partie le malaise croissant des cadres qui ont de plus en plus recours au *coaching*, aussi bien que la marginalisation dans les « petits boulots » de ceux auxquels on ne peut faire durablement confiance.

Le clivage entre réussite et échec, glorification et mépris, nanti et raté, chanceux et infortuné, montre la pression lancinante des normes. Elles sont ou trop présentes ou totalement désinvesties : entre être « trop » dans la norme ou y être « trop peu », n'y a-t-il pas de place pour une autre vie ? Nous y serions à la fois soutenu par les normes (nécessaires pour s'assurer l'ordinaire d'une vie), et libres de pouvoir inventer de réjouissants écarts et déviations.

La véritable confiance relève de notre capacité d'agir dans une situation donnée. Or, faire entendre sa voix, la proposer ou encore la soutenir nous place d'emblée dans le domaine politique, et spécifiquement en démocratie. La confiance en sa voix est fondamentale et constitue le cœur même de l'expérience démocratique.

La solidarité n'est pas l'assistanat

Le sens civique, entendu comme sens de l'appartenance à un monde *commun*, relie nécessairement la citoyenneté à la solidarité. Social et solidarité vont de pair et nous donnent la possibilité d'inventer notre vie en tant qu'individu. L'individu, rappelons-le, est un être vulnérable du fait des rapports de dépendance qu'il entretient avec ses multiples milieux (professionnel, affectif et extérieur), toujours en équilibre fragile (chômage, divorce, maladie).

Un lien de solidarité peut répondre à la fragilité sociale de son existence. Or, la réalité de ce lien se constate surtout dans le domaine médical. Nous assistons à une médicalisation générale du soin social. S'il existe des métiers du soin, toute une série d'activités se voient néanmoins disqualifiées ou dévalorisées en tant que travail d'assistance. Ces métiers du soin, mal reconnus et peu promus, sont largement féminisés (les infirmières) parce qu'ils corroborent les jugements de valeur suivants : d'une part, l'idée d'une sensibilité et d'un souci de l'autre qui seraient propres à la femme, considérée elle-même comme un être dont les émotions prévaudraient sur les compétences, et d'autre part, l'idée du soin pensé en continuité avec l'activité domestique, traditionnellement réservée aux femmes (soin aux enfants, aux personnes âgées, etc.). Il faudrait du coup démédicaliser le soin social afin de lui conférer une valeur politique et citoyenne.

──────────────── Les bonnes attitudes ────────────────

Nous avons vu l'importance qu'il y a à réfléchir à sa propre parole du point de vue de la communication. Elle est également le pivot d'une démocratie qui s'institue selon les voix d'une majorité. S'il vous est déjà arrivé de prendre la parole *à la place* de ceux qui ne l'ont pas (enfants, analphabètes) ou plus (SDF, prisonniers, accidentés), demandez-vous quelle en est sa légitimité.

La parole est un bien précieux. Il convient donc d'être à l'écoute de quiconque tente de la prendre. Vivre ensemble au sein d'une même société ne doit jamais devenir pour vous une évidence : ne négociez pas ce qui est inacceptable et ne parlez pas pour taire les difficultés.

La parole est l'expression de vos projets, de vos sentiments et de vos revendications, parce qu'elle dépasse les contraintes de l'instant présent : par la parole, vous pouvez vous engager et promettre (futur), retenir et vous souvenir (passé), mais aussi rêver d'un monde meilleur et espérer l'ébaucher par vos actions personnelles.

Perdre sa voix, c'est donc perdre également toute ressource ou élan pratique, nécessaires à la mise en branle des actions. Bref, c'est « *se trouver orphelin de ses propres actions*[1] ».

La vie à deux

L'être humain est un être sociable et en même temps d'une « *insociable sociabilité* », disait Kant[2]. En effet, cet autre avec lequel nous nouons des liens nous cause, en raison de sa liberté même, nombre de contrariétés. La vie sociale est un constant compromis entre la volonté de nous affirmer selon nos propres désirs et le respect de la liberté des autres, ou du moins, des conventions et des lois politiques qui nous y contraignent. Ce compromis est à ce point palpable qu'il entraîne la question suivante : la manière dont nous vivons avec les autres n'est-elle pas l'expression de la manière dont nous nous rapportons à nous-mêmes ?

La communauté politique s'étend à ceux qui décident de vivre ensemble. Nous sommes donc pour nous-mêmes la plus petite communauté politique qui soit. Nous sommes donc porteurs d'une duplicité intérieure (nous sommes deux quand nous dialoguons avec nous-mêmes) qui accompagnera nécessairement toute relation. Dès lors, l'avertissement est clair : les difficultés que nous rencontrerons avec l'autre mettront aussi en cause le rapport intime que nous entretenons avec nous-mêmes. Ne nous considérons pas pour autant comme la cause ultime de tout, du meilleur comme du pire. Mais ce que nous attendons de l'autre, parce que nous projetons sur lui, indique souvent ce que nous attendons, avec ardeur, de notre propre existence. C'est d'autant plus vrai quand cet autre est engagé avec nous dans une relation amoureuse.

---

1. Selon l'expression de Guillaume Le Blanc, *Vies ordinaires, vies précaires*, Seuil, 2007.
2. Emmanuel Kant, « Idée d'une histoire universelle d'un point de vue cosmopolitique » dans *Histoire et politique*, Vrin, 1998.

Quelle est donc cette microsociété que forme un couple amoureux, sachant que la dualité qu'il renferme est toujours susceptible
de s'altérer en dualisme ou de s'absorber dans la fusion ?

──────────────── **Les bonnes questions** ────────────────

*Avez-vous déjà fait l'expérience de la rivalité ou de la fusion dans votre
couple ? Considérez-vous que ce sont des écueils ou qu'ils représentent une manière parmi d'autres de vivre la relation amoureuse ? Cherchez-vous dans l'autre une sorte de solution à vos soucis existentiels,
ou bien une occasion de prouver votre pouvoir de séduction ? Quoi
qu'il en soit, la question est de savoir si vous souhaitez tracer un chemin
avec cette personne, ou si vous voulez vous unir par peur de rester seul.*

Le couple : nostalgie de l'unité et quête d'union

Former un couple consiste à créer une unité à partir de deux
personnes distinctes, en évitant leur fusion qui annulerait la singularité de chacun[1]. Le défi du couple, dans la durée comme dans la
formation, tient à ce paradoxe qui contrarie toutes les lois, que ce
soit celles de la nature ou de la logique. Pour mieux saisir la dimension de la relation amoureuse, revenons au mythe de Prométhée tel
qu'il était raconté dans la Grèce ancienne. L'idée à retenir, au-delà
des diverses versions du mythe existant, est celle de la rupture qui
engendre du différent, de l'opposition, de la dyade – bref, du duel
et de la dualité.

Ce récit narre la fin de l'âge d'or dans lequel hommes et dieux
vivaient ensemble paisiblement, dans une union parfaite, selon
l'ordre éternel du monde. La condition humaine naît de cette
rupture, précisément de la querelle qui oppose les hommes aux
dieux, dans une lutte qui aboutit à une séparation irréversible :

───────────────

1. Voir la figure de l'androgyne p. 57.

l'être humain devient, et c'est là le sens du terme « condition », un être fini parce que mortel, contrairement aux dieux qui restent, quant à eux, immortels. Pour avoir tenté d'aider les hommes en leur apportant le feu, volé aux dieux, Prométhée est puni par Zeus. Enchaîné sur le Caucase, son foie sera, tous les jours, dévoré par un aigle. Le châtiment infligé aux hommes prend les apparences d'une femme, Pandore, que Zeus leur envoie. En ouvrant la boîte, elle libérera tous les malheurs de l'humanité. Pandore entérine donc la séparation entre hommes et dieux en y ajoutant la différence homme/femme. Pandore est, en quelque façon, l'Ève grecque.

On retrouve, dans nombre de mythologies et de religions, cette place ambiguë conférée à la femme : en tant que cause de la séparation originelle, de la désunion à Dieu, il lui appartient de rétablir cette union en s'unissant à l'homme. La femme, en ce sens, révélerait à l'homme le sens de son existence. Autrement dit, la femme est ce troisième élément, un intermédiaire qui unit à nouveau l'homme à Dieu. C'est en ce sens que l'union de l'homme et de la femme sera interprétée comme étant l'image de l'union parfaite à Dieu : le couple amoureux renvoie alors au couple de l'amour parfait et originel formé avec Dieu. Ainsi considéré, le couple est d'abord une séparation intérieure puisqu'il vient troubler et modifier ce qui jusqu'alors était harmonieux.

Dans la mesure où il fait intervenir deux personnes, le couple nous confronte à la parole de l'autre. Cette parole est aussi bien véridique que trompeuse. C'est celle qui s'adresse à la raison comme celle qui s'adresse aux passions, celle qui rêve d'un idéal ou qui déchante du réel. Autant de paroles tenues ou non tenues pour des couples soit solidaires, soit éphémères. Si l'on en croit d'ailleurs Rousseau, ce sont les passions et toutes leurs nuances qui ont fait naître le langage, et certainement pas les besoins[1]. L'amour fait chanter le désir qui s'interroge alors sur sa nature : pourquoi celui-

---

1. Jean-Jacques Rousseau, *Essai sur l'origine des langues*, Flammarion, 1993.

là plutôt qu'un autre ? Suffit-il de désirer pour aimer l'autre ? Et dans cet autre que nous affirmons aimer, n'est-ce pas encore nous que nous aimons ?

L'amour, dans ses représentations (mythes ou beaux-arts), est souvent tragique parce qu'on ne le choisit pas : il advient contre toute attente et bouleverse un ordre préétabli. Le choc de la rencontre bourdonne de mille possibilités aussi inédites qu'inquiétantes, parce qu'elles mettent en scène un « moi » que l'on ignorait jusqu'alors. Accepter l'amour, c'est aussi consentir à ses effets : la joie, la confiance, les doutes, la jalousie, le partage, etc. Cette difficulté est majorée du fait que rien ne nous permet de nous y préparer. Ce vertige de l'amour entraperçu dans la fulgurance d'une rencontre exalte au point qu'il peut conduire à opter pour un amour absolu – l'amour de Dieu –, qui est seul parfait au sens où il ne peut décevoir.

Le lexique de la passion amoureuse nourrit ainsi autant les idées de dualité, de déchirement, que celles de fusion, d'élévation ou d'union parfaite et absolue. Les sentiments humains se vivent le plus souvent de manière contrastée et l'amour n'y fait pas exception. Désirer l'autre fait naître en nous un conflit, une contrariété, comme si l'autre nous scindait d'avec nous-mêmes, en introduisant de l'imprévisible qui nous pousse à différer nos propres projets. Le couple, en ce sens, renvoie à l'identité propre de chacun. Nous pouvons y élucider ce que nous sommes au lieu de nous interroger vainement sur ce que nous attirons ou pourquoi nous attirons. C'est là ce que réalise Montaigne qui ne cherche pas un semblable dans son amitié avec La Boétie, mais à se connaître comme La Boétie le connaissait, parce que « *lui seul jouissait de ma vraie image et l'emporta. C'est pourquoi je me déchiffre moi-même si curieusement*[1] ». « *Curieusement* », c'est-à-dire obscurément dès lors que cet ami n'est plus là. Qui sommes-nous dans la quête de l'autre, avec lequel

---

1. *Op. cit.*

nous désirons constituer un couple ? Quelle est la nature de cet un que nous désirons, en un sens, faire devenir deux ?

On pourrait interpréter le désir d'union dans le couple selon deux lectures distinctes : soit comme une quête de celui avec lequel nous parvenons à être nous-mêmes, autrement dit *un* « moi unifié », soit comme nostalgie d'une union originelle à jamais perdue et qu'aucune autre ne pourrait égaler.

La part manquante

Lorsque nous considérons l'autre comme ce qui nous manque pour constituer un tout parfait, nous risquons de l'investir d'une charge qu'il n'est pas censé avoir : percevoir nos manques et parvenir à les combler. Cette configuration du couple rêvé obéit à la logique du vide et du plein, l'un donnant et l'autre recevant. Elle aliène l'autre à nos propres fictions, nous crispe sur notre propre désir et nous fait attendre de l'extérieur le remède à notre mal-être.

Cette posture de l'attente montre à la fois une crainte et un espoir misé dans une rencontre à valeur quasi miraculeuse. C'est une attitude superstitieuse parce qu'elle consiste à chercher des signes dans toute rencontre dont la spontanéité se voit d'emblée abolie. L'autre se trouve phagocyté par des signes, plus souvent imaginés que vérifiés, parce qu'ils correspondent en réalité à nos propres attentes. Or, attribuer directement à l'autre des qualités dont il semble doté par les signes qu'il montre (sociabilité, douceur, courage, etc.), c'est nécessairement être déçu et insatisfait de ce qu'il peut réellement donner. On confond alors le signe et la chose elle-même, comme le fait le consommateur qui achète une marchandise comme si elle était en elle-même dotée de tous les signes qu'elle renvoie (l'habit de Spiderman ne coïncide pas avec les pouvoirs que l'enfant lui prête !)[1].

---

1. Se reporter aussi aux p. 21-22.

L'autre se situe plus dans la rencontre que dans la coïncidence parce qu'il n'incarne jamais un signe, sauf à devenir un faire-valoir, et nous, un consommateur.

C'est cette confusion que livre le personnage de *À la recherche du temps perdu* à propos du nom de Madame de Guermantes qui l'a frappé : « *Je me disais que c'était bien elle que désignait pour tout le monde le nom de la duchesse de Guermantes ; la vie inconcevable que ce nom signifiait, ce corps la contenait bien*[1]. » Il sera déçu, tel un enfant qui fait l'expérience répétée de la déception, parce qu'il n'est pas encore capable de distinguer l'objet de son signe. Le monde vacille alors, par exemple au moment où le héros souhaite de toutes ses forces entendre la trop célèbre actrice Berma jouer Phèdre, et être ainsi au plus près de son talent. Mais là encore, rien n'empêche sa déception. Peut-être fallait-il l'entendre autrement ?

Indexer l'autre à sa propre carence conduit à ne jamais le rencontrer pour ce qu'il est, mais seulement pour ce qu'il semble nous promettre. Isolé et singularisé à l'excès, l'autre devient l'objet d'un attachement exclusif qui nous ronge d'autant plus que nous craignons de le perdre.

Dans ses *Confessions*[2], Rousseau évoque les jours passés aux Charmettes chez madame de Warens comme étant des jours heureux mais voilés par la crainte de ne plus l'avoir à ses côtés. Qu'importe si la relation n'est pas réciproque, Rousseau est comme assiégé par ce personnage : « *Son image toujours présente à mon cœur n'y laissait place à nulle autre ; elle était pour moi la seule femme qui fût au monde.* » Vouloir former un couple dans ces conditions masque une fuite de soi : nous nous manquons alors nous-mêmes dans l'attente de l'autre. Ayant peur de manquer l'objet convoité, nous frappons tout

---

1. Marcel Proust, *À la recherche du temps perdu. Du côté de chez Swann*, Gallimard, 1989.
2. Jean-Jacques Rousseau, *Les confessions*, Flammarion, 2002, Livre III.

ce qui n'est pas lui d'irréalité : nous nous absentons du monde à mesure que s'intensifie notre passion devenue obsession. Par conséquent, le couple idéalisé reflète une image illusoire de l'autre, otage de soi, nécessairement décevant et irrémédiablement manquant.

La nostalgie d'une union originelle

L'autre configuration du couple évoque la nostalgie d'une union avec l'autre, union originelle telle que la raconte le mythe de l'androgyne que nous avons déjà évoqué. L'androgyne est l'union sans fissure d'un homme et d'une femme dans laquelle toute multiplicité est résorbée, et tout désir pacifié. Dans cette égalité à soi que représente l'androgyne se loge le désir du couple scellé dès l'origine. Naît alors l'idée de l'impossibilité du couple, parce que ré-unir rappelle la séparation et marque tout attachement de cette césure initiale. C'est pourquoi le désir du couple se projettera alors non sur un futur, mais sur la nostalgie d'un passé immémorial. C'est sans complaisance que Lucrèce décrit les amants éperdus dans leur désir d'union, qui devient rapidement angoisse frénétique d'une impossible ré-union : « *Cupides, leurs corps se fichent, ils joignent leurs salives/bouche contre bouche s'entrepressent des dents, s'aspirent/en vain : ils ne peuvent rien arracher ici/ni pénétrer, ni entièrement dans le corps de l'autre passer/{...} puis un nouvel accès de rage et de fureur les prend/tandis qu'ils se demandent ce qu'ils désirent atteindre/et ne trouvent aucun moyen de terrasser leur mal/tant les ronge incertains une blessure aveugle[1]*. »

Quand l'absolu est recherché, c'est le couple qui est manqué, parce que le couple est par nature relation, c'est-à-dire relatif à autre chose que soi. À vouloir faire « un » absolument, le couple se fige dans une logique de mimétisme : ce que nous recherchons est la réplique d'un objet autrefois aimé. Rien d'étonnant alors que nous

---

1. *Op. cit.*

retrouvions parfois dans une vie amoureuse la reconduction des mêmes situations, la répétition des mêmes choix, transformant l'élan propre au désir en un élan réactionnaire. Freud établit, à ce titre, une comparaison entre le phénomène de transfert qui a lieu durant la cure psychanalytique et l'amour qui serait, en tant que tel, un phénomène de transfert : « *Il est exact que cet état amoureux n'est qu'une réédition de faits anciens, une répétition des réactions infantiles, mais c'est là le propre de tout amour, et il n'en existe pas qui n'ait son prototype dans l'enfance*[1]. » L'individu se perd dans l'illusion qu'il cultive et qui le rend incapable d'aimer puisqu'il est parasité par le regret de ce qui ne peut se répéter, ou du moins, de ce qui ne peut être tel qu'il le projette. Le rapport imaginaire devient alors prédominant.

Se représenter le couple en assignant d'avance à l'autre la place qu'il doit tenir fait donc obstacle à une authentique relation fondée sur la reconnaissance de la liberté de chacun. La relation amoureuse n'a de fondement que celle de son existence effective qui peut, à tout moment, s'effondrer. Cette possibilité de l'échec traduit sa contingence : l'amour bouleverse parce qu'il ne garantit rien, qu'il est l'aventure de deux êtres libres et non pas d'un seul. Aimer, en ce sens, c'est continuer à aimer en conjurant sans cesse les écueils de cet amour qui useraient de sa force.

A-t-on de bonnes raisons d'aimer ?

Si nous cherchons, à l'instar de Pascal, à savoir pourquoi nous aimons telle personne, nous serons vite pris de désespoir à vouloir nous justifier en énumérant ses qualités. C'est que l'« *on n'aime {…} jamais personne, mais seulement des qualités* », nous dit-il[2], faisant de l'amour une affaire de jugement et donc d'estime. Or, l'estime

---

1. Sigmund Freud, *La technique psychanalytique*, PUF, 2002.
2. *Op. cit.*

© Groupe Eyrolles

n'est pas ce qui fait aimer : nous aimons et nous pourrions très bien nous laisser aller à cet amour de façon irraisonnable (perdre la tête, mettre à mal notre santé pour notre ami qui, peut-être, « n'en vaut pas la peine »). L'estime est là pour tempérer un amour déjà présent : elle a une fonction régulatrice face à l'amour qui, en son fond, n'a que faire de la valeur de l'autre. En effet, nous n'aimons pas le mérite de l'autre, même si nous pouvons donner des raisons à notre amour en faisant état de ses mérites. Descartes écrit ainsi à Chanut qu'il « *ne sait point d'autre définition de l'amour, sinon qu'elle est une passion qui nous fait joindre de volonté à quelque objet, sans distinguer si cet objet est égal, ou plus grand ou moindre que nous*[1] ». Si nous disons aimer quelqu'un pour ses qualités, ce sont ces qualités seulement que nous aimons et qui se trouvent accidentellement en lui. Nous visons alors l'autre en tant que sujet des qualités que nous lui attribuons, et nous occultons le reste qui pourtant participe de son être. L'autre serait toujours en partie absent puisqu'il n'est nullement réductible aux qualités qu'on lui donne. Que signifie un amour qui porte sur une pré-sélection, à la manière des petites annonces qui formulent les qualités exigées chez l'autre avant même de le rencontrer ?

Désirer : servitude ou liberté ?

Désir du désir de l'autre

Que désire-t-on ? On désire, en fait, non pas « quelque chose » mais quelqu'un, à savoir un être libre. Le désir porte toujours sur un autre désir, c'est-à-dire sur un être qui a lui-même ses propres désirs. C'est la contradiction inhérente au désir amoureux : on ne peut être amoureux que d'une personne qui aime librement, mais on cherche, ce faisant, à prendre possession de sa liberté. L'amant

---

1. René Descartes, « Lettre du 1er février 1647 », *Œuvres complètes, Correspondance*, vol. 4, Vrin, 1976.

veut posséder une liberté, ce qui est d'avance voué à l'échec et ne fait que reconduire le désir.

Le désir s'exprime donc comme désir du désir de l'autre. On veut être désiré, reconnu et aimé de lui. Aimer, en ce sens, c'est désirer voir son désir inscrit sur le corps de l'autre, et non pas simplement désirer le corps de l'autre pour son plaisir. Quand le désir se heurte à une rupture, qu'il cesse d'être reconnu comme tel, il en devient ridicule ou honteux : le corps est comme mis à nu puisque le désir de l'autre ne s'y inscrit plus, il n'est plus qu'un corps dans sa matérialité. Comme l'écrit Sartre, « *certes, c'est le corps qui trouble : un bras ou un sein entrevu, un pied peut-être. Mais il faut bien voir d'abord que nous ne désirons jamais le bras ou le sein découvert que sur le fond de présence du corps entier comme totalité organique {...}. Il {le corps} est là ; il est ce à partir de quoi je saisis le bras comme bras {...}. Et mon désir ne s'y trompe pas : il s'adresse non à une somme d'éléments physiologiques mais à une forme totale ; mieux : à une forme en situation {...}. Le désir pose le monde et désire le corps à partir du monde et la belle main à partir du corps*[1] ».

L'illusion du manque

La manière de désirer l'autre correspond à la manière dont nous comprenons notre liberté. La liberté vécue comme une toute-puissance transforme le désir, vivace et irrémissible, en un rapport de forces. À l'opposé, la liberté vécue comme une réflexion sur nos actions engage un désir à l'écoute du désir de l'autre, et ménage un espace ouvert sur la rencontre.

Nous désirons le plus souvent selon notre imagination et plus rarement selon ce que nous comprenons des choses. Or notre imagination introduit du manque dans l'expérience de notre désir parce qu'elle ne cesse de comparer ce qui est avec ce qui « devrait » être, à ses yeux toujours différent. La comparaison induit un jugement

---

1. *L'être et le néant, op. cit.*

de valeur qui creuse un manque, une déficience au sein du réel, où les choses sont telles qu'elles sont. Rien de plus, rien de moins. Si l'amour se chante, c'est parce qu'il est bavard sur tout ce qu'il ajoute à l'être dont il s'est infatué en même temps qu'il s'éloigne de celui-ci, abandonné à sa réalité jugée trop prosaïque. Le boulanger, dans le roman de Marcel Pagnol *La femme du boulanger*, transporte moins que le jeune prétendant qui dit oui à tous les rêves de la promise, mais ce ne sont que paroles sans consistance. Imaginer, c'est toujours opposer au réel l'irréel désiré.

Tout l'imaginaire humain est traversé par la dynamique du désir qui consiste à dépasser ce qui est en se représentant autre chose. Désirer et imaginer deviennent finalement la même chose. L'étymologie du terme « désir » est tout à fait claire sur ce point : désirer provient du latin *sidus* qui signifie « l'astre », et contient le préfixe de l'éloignement *de*. Le désir est donc ce regret d'un astre disparu et convoité. L'absence éprouvée comme privation alimente le désir de combler le vide. Or, c'est précisément par le fait de désirer que naît le manque et, par là même, la frustration.

Aucune chose du monde ne peut satisfaire le désir dès qu'il se vit sous le mode du manque. L'ailleurs que désigne l'astre est impossible à rejoindre et rend le réel étranger à soi, chétif dans ce qu'il accorde, et désolant voire odieux dans ce qu'il est. Le désir est scission : il sépare de la placidité du réel que nous ressentons comme une autre réalité. Vivre devient déchirant, parce que la vie nous désunit de nos rêves, de nos attentes ou de nos espoirs. Elle nous manque au sens où elle est privée de ce qui la rendrait conforme à nos exigences (être heureux à jamais), et nous la manquons dans la mesure où notre désir s'échoue à se réaliser. Désirer, c'est donc irrémédiablement souffrir. Cette souffrance est ambivalente parce qu'elle est à la fois espérance et insatisfaction, joie de conquérir et tristesse de posséder, promesse et désenchantement, hardiesse de partir et morne lassitude d'être déjà arrivé. Ainsi, désirer et obtenir la chose désirée génèrent tous deux de la souffrance.

Le désir enchevêtré dans le temps

Toute conscience est désir de faire advenir l'avenir, y compris pour les consciences amoureuses du passé. Ainsi, quand le poète Lamartine au lac du Bourget apostrophe le temps, il désire voir le passé se perpétuer dans le présent. Il ne s'agit pas de recommencer ou de revivre, mais de continuer. Ce n'est pas désirer le même amour et la jeunesse, mais avoir toujours devant soi la jeunesse et l'amour, ce grand avenir, désormais éboulé derrière soi. Ce que l'on pleure, ce n'est donc pas le passé, mais l'avenir. La hantise du temps se fait sentir pour toute conscience qui désire. Le temps pour elle s'éprouve comme attente, délai ou promesse. Le temps est une distension, comme l'observe saint Augustin[1], entre trois dimensions qui se chevauchent et font éprouver le présent comme toujours pauvre de l'avenir qu'il n'est pas encore et dont il est la carence, et le passé comme retenu dans le présent qu'il engourdit. Désirer, c'est finalement séjourner dans l'inquiétude : de même que le temps n'a pas sa demeure en lui-même puisqu'il fuit sans cesse, le désir a sa demeure là où il n'est pas.

Comment trouver le « bon ami » ?

Former un couple en évitant les écueils soulignés précédemment nécessite de ne pas être dans la confusion ou la tyrannie de son être, qui empêchent de connaître l'autre. Comment donc savoir ce qui convient à une telle relation, autrement dit comment trouver l'ami, le bon ami, c'est-à-dire le bon comme ami ? Ce « bon », précisons-le, n'est plus ce que nous projetons ou fantasmons à l'occasion d'une aventure amoureuse. Il n'est pas non plus ce que nous décrétons tel parce que nous le désirons (« bon » est le sucre qui peut pourtant conduire à notre perte si nous en abusons). Le bon, c'est ce que nous recherchons et qui oriente notre désir. Avoir

---

1. Saint Augustin, *Les confessions*, Gallimard, 1993.

le bon comme ami, c'est déjà savoir ce qu'il signifie afin de le reconnaître dans les formes diverses sous lesquelles il apparaît — une action, et, mieux encore, une personne.

Comme le remarque Socrate, « *ce qui est aimé ne l'est pas en vue d'une autre chose qu'on aime. C'est le bien qui est aimé*[1] ». En ce sens, pouvoir faire « couple avec » l'autre suppose de pouvoir se relier à lui, non plus en termes de manque ou d'union, mais plutôt en termes de parenté ou de convenance. Pour savoir ce qui nous est apparenté, il nous faut donc nous demander ce qui est bon en soi et pas seulement *pour nous*. Il importe, en effet, de trouver le bon comme ami puisque « *c'est le bien qui est aimé* ». Mais ce n'est pas si simple car nous nous trompons souvent sur ce qui est bon : nous qualifions spontanément de « bon » les choses que nous désirons plutôt que de désirer les choses parce qu'elles sont bonnes.

Il faudrait donc opérer ce renversement pour aspirer à ce que nous savons être vraiment bon. Or, préférer savoir et éviter les sortilèges des faux amis c'est ne pas s'arrêter à la déception, ne pas être subjugué par la fusion ni se contenter de la séduction de l'apparence. Préférer savoir et peut-être aussi patienter, c'est apprendre à reconnaître l'ami/amant.

—————————— **Les bonnes attitudes** ——————————

Peut-être avez-vous erré dans cette quête de l'amour parce que vous avez cru en une réciprocité de simple échange. Mais l'objet aimé ne rend pas l'amour que vous lui portez à la façon dont le débiteur restituerait l'argent prêté. Aimer, comme le rappelle Lacan, « *c'est donner ce que l'on n'a pas* », sans attendre un retour ; sinon, ce n'est plus donner.

———————

1. Platon, *Lysis*, Les Belles Lettres, 1999.

Arracher votre couple à la stérilité de l'identique (votre *alter ego*) comme à l'image de l'absolue extériorité de l'autre, où *la* femme et *l'*homme seraient considérés comme des étrangers l'un pour l'autre, c'est faire advenir le « bon » couple. Ce couple a pour ami le « bon » parce que chacun est relié à l'autre par l'amour. L'amour est ce qui aime. À vous de vous demander ce qu'est votre amour. Comme le remarque Foucault, « *l'amour ne saurait manifester sa propre vérité que si on la demande à ce qu'il est et non à ce qu'il aime. Il faut revenir de l'objet aimé à celui qui aime*[1] ».

Vous pouvez aimer tout en aimant mal, voire en aimant à faire mal, et être incapable de devenir ami avec qui que ce soit. Être capable d'aimer se comprend par ce que vous engendrez, à savoir un couple qui s'aime et qui délie chacune des personnes demeurées libres. Quelque chose se produira bien en retour : votre couple sera à ce point vivant qu'il n'y aura plus, en lui, de place pour son contraire, c'est-à-dire la rupture.

---

1. Michel Foucault, *Histoire de la sexualité*, Gallimard, tome 2, 1997.

IV.

La vie

S'interroger sur la vie elle-même a le goût des gageures, car nous lui sommes intimement liés. Elle est ce phénomène qui rattache chacun de nous à lui-même et au monde, et dont témoigne la vitalité de tout vivant. Le thème de la vie est un thème englobant, presque débordant, qui couvre les domaines variés de l'existence humaine, de la naissance à la mort, tant comme objet de réflexion que de pratique. On peut se rapporter à la vie en explorant ce qu'elle est selon les lois universelles qu'établit la connaissance scientifique, et la biologie en particulier. Les avancées des biotechnologies posent des enjeux actuels importants pour l'être humain devenu ingénieur du vivant, et nous renvoient à notre expérience vécue de la vie, celle qui se sent avant d'être fouillée et soumise à l'examen. Ces différentes dimensions de l'étude de la vie se rejoignent donc quant à leur interrogation respective sur ce qu'est la vie. Mais le sens de la vie et la manière dont l'être humain mène son existence, c'est la philosophie qui s'en inquiète, et elle seule.

L'évidence du vécu et la valeur de la vie

La vie se suffit-elle à elle seule (peut-on penser la vie si aucun être humain n'est là pour la penser ?), ou faut-il qu'elle ait un sens pour celui qui la vit ? Cette quête de sens nous empêche-t-elle paradoxalement de vivre tout simplement ? Voilà autant de questions sur lesquelles il importe de s'arrêter si l'on veut connaître le sentiment du « vivre ».

_____ **Les bonnes questions** _____

Décrivez ce que signifie pour vous « se sentir vivre ». Quelle est la qualité de ce sentiment immédiat et spontané ? Ce sentiment est-il celui de l'épanouissement de votre être, porté par l'élan de la vie, joyeusement diverti de tous côtés par le monde et cherchant à renouveler les expériences qui procurent le plus de sensations possibles ?

© Groupe Eyrolles

Excluez-vous d'un tel sentiment de vie ce qui est de l'ordre de la déception, de l'échec, de la peine ? Et pourtant, être en vie c'est naturellement éprouver plaisirs et peines, joies et tristesses, frustrations et accomplissements. En somme, acceptez-vous la vie telle qu'elle est ?

L'autorité du vécu

Le vécu revendique par lui-même une autorité qui est, tout simplement, celle d'avoir vécu. L'expression « avoir vécu » signifie être capable de ressaisir le sens de sa vie, après avoir été longuement confronté à l'épreuve de celle-ci. Cela revient à « avoir vaincu » et à ne pas quitter la vie sans lui avoir, en quelque sorte, tenu tête ou répondu. Autrement dit, à la vie donnée ou distribuée, l'être humain s'efforce de répondre en faisant de cet élan qui parcourt tout vivant, *sa* vie. L'autorité du vécu s'affirme pour mieux authentifier cette vie qui est nôtre et lui octroyer ainsi une sorte de droit moral à la vérité : nous l'avons vécue, nous en témoignons et c'est vrai. Il n'y a rien d'autre à ajouter.

L'évidence du vécu est l'évidence du passé, et c'est ce passé qui confère une autorité à la vie d'un individu. Pourquoi une telle autorité ? Parce que si, en tout vivant, la vie s'exprime selon des formes spécifiques, l'être humain cherche, quant à lui, à signer lui-même sa vie pour en faire son œuvre. Tel est le sens du terme « autorité », qui renvoie à l'idée d'être l'auteur de quelque chose, d'être capable de commencer et de mettre un terme à quelque chose. Vivre serait donc gagner progressivement en autorité, et l'on constate d'ailleurs que la confiance accordée à autrui est souvent relative à son âge biologique. Mais enfin, qu'est-ce qui est vécu ?

Si la seule façon de parler de la vie est d'adhérer à l'évidence d'un vécu (la vie de telle ou telle personne), le discours sur le sens de la vie s'absorbe dans sa seule description. Il suffirait donc d'avoir vécu. Le plus grand nombre se dit qu'il n'est nul besoin de la philosophie pour vivre, puisque vivre suffit à rendre sage, et même, plus on vit, plus on est censé croître en sagesse. La sagesse, venue avec l'âge, viendrait naturellement clore la vie en lui imprimant sa teneur de vécu. Mais n'y a-t-il pas certains aspects du vécu à mettre en valeur et d'autres à estomper ? En somme, ne faut-il pas faire le tri ?

Le vécu ne se présente pas tel quel sans un certain *decorum* : il correspond à des attentes personnelles, ou est infléchi à un but assigné d'avance selon les valeurs d'une société donnée. Ainsi jugeons-nous que certaines conditions de vie sont inadmissibles ou intolérables, qu'une vie amputée de certaines de ses possibilités peut être menacée par l'acharnement thérapeutique, que vivre n'est pas survivre, etc. Ce qui est vécu passe au crible d'un jugement de valeur dont le point culminant et symbolique est l'assurance vie. Car s'il faut assurer sa vie, c'est qu'elle a une valeur : valeur financière (« le niveau de vie ») ? Valeur morale ou politique (l'interdit religieux du suicide, « la liberté ou la mort » des drapeaux révolutionnaires en 1789, etc.) ? Valeur artistique (l'art transfigure la vie en modifiant notre regard sur elle) ? Mais qui peut assurer sa propre vie contre les aléas de la vie même : la maladie, le deuil, un revirement de fortune… ?

La valeur, rappelons-le, enferme les idées de vaillance, le fait d'être bien portant : la vie s'affirme en réalité elle-même dans la valeur qu'elle promeut. La vie se chante et se déclare à chaque poussée qu'elle manifeste au ras de toute naissance. Est-ce là une de ses plus grandes ruses ?

Les formules traditionnelles de salut vérifient d'ailleurs cette conception : le grec dit *khaire*, « réjouis-toi », « sois joyeux » (de vivre), et dans l'épistolaire romaine, *vale* signifie « porte-toi bien », soit puissant physiquement, socialement et aussi moralement (com-porte-toi bien). Dans nos langues modernes d'Europe, ce qui fait office de salut s'accompagne toujours du souhait d'un « bon » laps de temps (bonjour, *good morning, buongiorno,* etc.). Autrement dit, la vie se pose comme la valeur suprême de toutes les autres valeurs par l'évidence indéniable de son caractère désirable. Si la vie en effet cesse d'être désirable, il n'y a plus qu'à se laisser vivre, ou mourir.

C'est souvent dans un contexte d'émotion intense que l'invocation de la vie pèse son poids (maladie, deuil, accident, etc.). Quand bien même la vie n'aurait aucun sens précis, il est bon de vivre, ne serait-ce que pour voir la lumière[1] ou respirer à pleins poumons. La vie que nous saisissons à travers nos cinq sens n'a besoin d'aucune justification extérieure à elle-même. Tant qu'elle est, la mort n'est pas, et tel s'en convainc Épicure qui a lutté contre l'emprise croissante de la maladie.

Mais pour la plupart d'entre nous, la vie ne se réduit pas à elle-même : elle mène à quelque chose, elle a un sens, ne serait-ce que celui de la « prendre comme elle vient », comme le dit une certaine sagesse populaire. Elle est ce mouvement qui porte l'individu à travers maintes vicissitudes vers son terme dont il ne connaît à l'avance que l'aspect inexorable. C'est précisément dans le *comment* de cette fin et son *après* que la question du sens devient urgente. Si mourir signifie ne plus vivre, alors le sens que l'on donne à la vie est intérieur à la vie elle-même. Pas pour le croyant

---

1. La lumière en grec se dit *phaos, phôs.* Or, *phos* (à l'accent près, sur le o) désigne aussi l'homme, et c'est le terme courant que l'on trouve chez Homère. Être homme, c'est trouver du plaisir à voir la lumière. Si *phos* est traduit par « mortel » (et non par « lumineux » ni par « l'illuminé »), il faut entendre que pour jouir de la lumière du monde, il faut avoir le privilège de mourir un jour, privilège dont les dieux sont par définition privés.

qui voit dans la mort le passage[1] dans une autre vie. Vie, mort, croyance ou conviction sont intimement liées et nécessitent quelques éclaircissements.

Le tragique de la mort

Au sujet de la mort, il y a des choses que l'on sait : nous mourrons et personne ne peut dire ce que cela signifie. D'où les mythes et les croyances qui alimentent toutes les cultures pour raconter quelque chose à propos de la mort, quitte à en faire parfois un tabou. Mais c'est toujours du point de vue de la vie qu'est envisagée la mort, et c'est pour cela qu'elle la conteste. La vie exclut la mort, comme l'eau le feu. Sachant que nous mourrons et que nous n'y pouvons rien, nous ressentons un sentiment d'impuissance irréductible.

Chaque chose a une durée qui lui est propre et qui fixe ses limites, durée que nous trouvons éphémère s'agissant du papillon, ou incroyablement longue pour le chêne ou le pied de vigne. De là le sentiment, fort chez celui qui vit proche de la nature, que la durée de vie n'affecte pas la fondamentale égalité entre tous les êtres voués à mourir, « un jour ou l'autre ». La nature n'a conféré de privilège à personne, et c'est la loi universelle de la nature que tout être vivant périsse. Cette égalité devant la mort affirme une égalité naturelle entre les hommes et abolit, du même coup, l'artifice des

---

1. Dans l'Inde ancienne, par exemple, on estime que la condition humaine assume toute la réalité cosmique sensible et que, par conséquent, on ne risque pas de se réincarner dans un crapaud ou dans une étoile, puisque l'homme est déjà crapaud et étoile. Donc le Soi peut, après la mort, pour un homme n'ayant pas atteint l'Absolu, glisser dans d'autres états de l'existence universelle, par exemple des états démoniaques ou angéliques, pouvant se refléter sur la terre dans telle ou telle créature hideuse ou sublime. De là, la notion de réincarnation est déformée et matérialisée : au lieu de penser que l'âme de ce mort est entrée dans tel domaine de l'existence universelle (domaine angélique, qui se symbolise par exemple dans la beauté du col d'un cygne), on dira qu'il est devenu un cygne.

hiérarchies sociales. Ce sentiment d'impuissance est contrebalancé par le fait de partager le sort commun à tous.

Personne ne peut se concevoir à part de ce savoir constitutif de la condition humaine. La mort est toujours déjà là, dès notre naissance, et forme un savoir qui ne fait qu'un avec nous-mêmes. Marcel Conche, à la suite de l'épreuve de sa maladie, en témoigne : « *Or, me penser et me penser mortel, c'est la même chose. Par conséquent, toute pensée se développe sur le fond d'un savoir de la mort. La mort est, comme telle, l'horizon de la pensée*[1]. »

Toutefois, on ne peut concevoir que notre seul horizon soit la mort. En effet, comment travailler, agir, faire des projets en vue de la mort ? Toute vie et toute activité humaine reposent sur le postulat qu'il y a des différences dans les manières de vivre, que certaines sont préférables à d'autres, ou que vivre, c'est choisir une manière de vivre plutôt qu'une autre. La vie nie l'uniformité. Elle est, par définition, la différenciation par laquelle elle manifeste l'infinie variété de ses formes minérales, végétales ou animales. Le vivant est le lieu du déploiement de cette variété. Or, la mort fait abstraction de toute différence : elle égalise tout jusqu'à nier l'idée de sens. À quoi bon vivre alors puisque tout sera détruit ? Ce nihilisme rend l'existence aussi tragique que désespérante, parce qu'il rend vaine toute tentative d'action. Il n'y a plus rien à faire, sinon attendre, à l'instar des personnages de la pièce de Beckett *En attendant Godot*. Mais attendre quoi ? Au moins que cela finisse.

Une position aussi radicale est-elle réellement tenable autrement que par la force du discours qui se découvre démiurge, c'est-à-dire capable de faire exister ce qui n'est pas et réciproquement ? Aristote ironise face à ceux – les sceptiques – qui se vantent de l'habileté logique de leur esprit, capable de soutenir verbalement que tout se vaut, une chose comme son contraire ; mais devant un puits,

© Groupe Eyrolles

---

1. Marcel Conche, *La mort et la pensée*, Éditions Cécile Defaut, 2007, p. 31.

pourront-ils continuer à maintenir qu'il est également indifférent d'y tomber ou de ne pas y tomber ? S'ils cherchent à éviter de tomber dans ce puits, n'est-ce pas parce qu'ils reconnaissent en réalité une différence entre la vie et la mort, et donc une préférence pour la vie ?

L'absurde ou la défaite de soi

On pourrait voir dans l'exemple du puits cette ruse de la vie, plus forte que soi, puisqu'elle a toujours déjà fait le choix d'elle-même. On n'a plus qu'à se laisser vivre sans savoir pourquoi, en étant comme englué. Tel est ce sentiment de l'absurdité de la vie que décrivent Camus et Sartre à travers des personnages angoissés à force de se sentir engloutis dans le monde. « *L'angoisse de la vie elle-même pousse l'homme hors du centre en lequel il a été créé {…}. Pour pouvoir y vivre {…}, l'homme est presque nécessairement tenté de quitter le centre pour sortir vers la périphérie* », écrit le philosophe allemand Schelling[1] qui a beaucoup inspiré la philosophie existentialiste française (notamment la pensée de Sartre) par l'entremise de Martin Heidegger. Nous sommes ainsi condamnés à vivre, pourrait-on dire en reprenant la formule de Sartre à propos de la liberté (« *nous sommes condamnés à être libres* »). Et à vivre en trouvant, comble du paradoxe, semblable vie exténuante : la vie nous fatigue. Nous pouvons alors décider d'y mettre nous-mêmes un terme par le suicide. Si la question du suicide est toujours délicate, c'est parce qu'elle nous confronte à la souffrance de l'autre devant laquelle nous nous sentons impuissants. En effet, que faire, que dire à celui qui veut mettre fin à ses jours ? Sans nul doute, celui qui est ainsi disposé souffre d'une image inadéquate de lui-même à tel point qu'il veut la détruire en se tuant lui-même. Pour celui qui porte chaque jour cette image dans son imagination troublée, la vie

© Groupe Eyrolles

---

1. Friedrich Wilhelm Joseph von Schelling, *Contribution à l'histoire de la philosophie moderne*, PUF, 1983.

n'offre plus aucun agrément ; elle n'est plus cet élan qui traverse l'individu et le pousse à s'individualiser, à devenir « quelqu'un ».

Peut-être y a-t-il en chacun ce désir de dominer sa vie et d'en faire, comme on dit, « ce que l'on en veut ». Mais ce désir de contrôler sa vie rencontre nombre d'obstacles parce qu'il appartient à la vie elle-même de nous échapper, et cela indépendamment des progrès accomplis en médecine. La vie ne nous appartient pas, au même titre que la vie de l'enfant engendré n'est pas nôtre. Même si nous utilisons l'expression commune « donner la vie », il est impossible de donner ce qui ne nous appartient pas et qui ne doit pas nous appartenir, à savoir le sens qu'un individu conférera à son expérience de personne. La seule idée de choisir le sexe de son enfant contredit le désir d'enfantement dans sa nature même, puisque donner la vie, c'est finalement s'en remettre à un processus de croissance que nous pouvons, au mieux, faciliter. C'est même la vie qui se donne à nous, redéfinie par chaque existence singulière, dans ses joies et ses périls, et sous la forme d'un sens nouveau et indécidable, n'en déplaise à nos ambitions de toute puissance. Ce que nous appelons « la vie » nous advient autant que nous la déterminons. C'est pourquoi vivre revient à instaurer une distance entre soi et soi-même, pour reconnaître aussi bien les évolutions qui nous ont portés, que les décisions sur lesquelles nous avons eu quelque maîtrise. Et comme le dit l'écrivain Christian Bobin, « *qu'on soit riche ou pauvre, qu'on voyage très loin ou qu'on reste sur place, nous vivons tous, finalement, sur une poignée de pauvres choses, de pauvres idées fixes, une poignée de désirs. La richesse, la luxuriance, vient de la forme qu'on lui donne. Et cette forme est unique pour chacun*[1] ».

La pensée démoralisante comme le ressentiment à l'égard de la vie, quoique clandestinement convoitée, sont des manières erronées de s'y rapporter parce qu'elles ne nous rendent pas de taille à

---

1. D'après un entretien sur France Culture.

la vivre pleinement. De quoi s'agit-il ? Tout ce que nous pouvons reprocher à la vie – le pire reproche étant celui d'être né – émerge en fait de nos propres carences ou infirmités. Ainsi, rien ne sert de se lamenter ou de s'indigner de la vie telle qu'elle nous a été donnée, surtout si elle n'a pas été tendre à notre égard. Il faut à tout prix se retenir de se plaindre d'être mal loti, mauvais ou « pas à la hauteur » par exemple. On en deviendrait encore plus mauvais et plus impuissant. Pourquoi ?

C'est cette idée frappante que nous fait comprendre Spinoza dans l'*Éthique*[1] : les lacunes ou les manques dont nous nous lamentons ne sont qu'une idée ou une « fiction » née de notre imagination. En effet, nous nous comparons à d'autres que nous ne sommes pas ou ne pouvons pas être. Or, les idées ne sont pas « abstraites » : celui qui pense mal se fait du mal à lui-même parce qu'il ne saisit rien de réel, mais seulement ce qui n'est pas, c'est-à-dire ce qui pourrait être ou aurait dû être. Aussi, se rendre meilleur ou « de taille », ce n'est pas acquérir la perfection que l'on n'a pas, mais accroître celle que l'on a. Et c'est cela qui procure de la joie selon Spinoza. Nous ne sommes pas tristes parce que nous sommes faibles : nous sommes faibles parce que nous sommes tristes. Il n'y a donc plus à attendre un éventuel salut de l'extérieur puisque le salut, c'est déjà ici et maintenant : nous n'avons pas à être sauvés. Celui qui comprend sa perfection propre, celui-là est philosophe, dont la vie n'est rognée par aucune négation. En somme, c'est une vie où tout est vivant.

------- Les bonnes attitudes -------

Demandez-vous ce que vous ne supportez pas dans la vie en général, et dans la vôtre en particulier. Qu'est-ce que cela vous apprend sur vous-même ? Vos ambitions sont-elles facteur d'angoisses et de tourments ?

---

1. *Op. cit.*

Ne baissez pas les bras, mais ne faites pas non plus de votre énergie une agressivité tournée vers les autres ou vers vous-même. Cette frustration haineuse ou envieuse vous rendrait encore plus insatisfait de vous-même.

Prenez appui sur vos richesses ou votre réflexion afin de vous maintenir en vie, c'est-à-dire fort d'une vie que vous souhaitez accroître et parfaire.

Vivons-nous d'une vie entièrement mortelle ?

Pour la plupart d'entre nous, occupés par les soucis de la vie quotidienne, vivre, c'est finalement ne pas *encore* mourir. Dans l'intervalle de cet « encore », il y a le temps habité par les multiples et tyranniques désirs qui nous emportent et nous déportent de toute recherche de la vérité. La vie ainsi menée est sur le qui-vive de la mort : à quoi veut-elle échapper ? À la mort ? Mais la mort, par définition, n'a de prise que sur du mortel. Autrement dit, la vie crispée sur sa corruption progressive danse sa propre mort parce qu'elle est en réalité déjà morte, livrée à sa destruction. La crainte de la mort est la simple conséquence d'une manière de vivre passive, ignorante et insensée, caractéristique de celui qui ne réfléchit pas, en ce sens que la mort n'est rien, et la craindre est alors pure perte de temps. Semblable vie n'en est pas une, et ce n'est pas moralisateur que de l'affirmer : il faut s'interroger sur la vie que l'on mène et prendre au sérieux, comme nous le rappelle Socrate, la question de savoir quel genre de vie il faut avoir[1], car elle est la question que tout homme, aussi peu éclairé soit-il, devrait se poser à lui-même.

---

1. Platon, *Gorgias*, Flammarion, 2007, 500c.

─────────── **Les bonnes questions** ───────────

Quelle est la vie que vous menez actuellement ? Si vos projets traduisent le souci d'améliorer votre vie, s'agit-il d'une amélioration financière (concourir au bien-être), intellectuelle (nourrir l'esprit), morale (être présent aux autres, être là) ? Ces différents plans de votre existence s'entremêlent, et vous finissez par ne plus savoir ce qui compte réellement. Qu'est-ce qui vous oriente et vous fait avancer ?

Il est certain que plus les plans se multiplient, plus votre vie s'ouvre à de l'inconnu, aux aléas extérieurs – qu'ils soient favorables ou non –, et plus vous vous sentez vivre, chargé de responsabilités. Il arrive un moment où vous avez l'impression de courir après une vie où les choses se précipitent et dont vous ne comprenez pas bien le cours. Avez-vous alors tendance à ressentir quelque crainte et à tourner vos pensées vers ce qui semble, à première vue, triste, angoissant ou démoralisant (vous vieillissez, que faites-vous de votre vie ? Et vos rêves d'autrefois, que sont-ils devenus ? Avez-vous fait vos analyses médicales ? etc.) ?

L'idée de la mort nous affectera toujours tant que nous vivrons, et c'est pourquoi nous mettons légitimement sur le compte du bonheur de traverser la vie en bonne santé. Combien cette idée nous affecte quand la mort frappe un ami cher tel que l'est Socrate pour ceux qui entourent ses derniers instants parce que demain, Socrate ne sera plus. La philosophie elle-même n'y trouvera-t-elle pas préjudice ? Comment philosopher si Socrate n'est plus ? C'est là qu'intervient l'aspect philosophique de la réflexion. Nombre de formules de philosophes affirment en effet que « *philosopher, c'est apprendre à mourir* ». Comment comprendre un tel impératif ? S'adresse-t-il à des hommes remarquables, aux dons extraordinaires, bref, à des hommes « divins » ? Pourquoi leur vie serait-elle meilleure que celle de l'homme commun ? Qui est en mesure de les comparer puisque ni les uns ni les autres ne voudraient échanger leurs vies ? La vie, quel imbroglio !

Toute vie humaine pose des principes

L'être humain a pour vérité d'être une âme[1], ce qui signifie qu'il a en soi son principe de vie. Mais quelle est la nature de ce principe ? Un individu peut être animé par une haine antisémite qui guidera ses actions, croire à une vie purifiée par le sang, ou encore mettre la pensée au cœur de sa vie. Il y a donc autant de manières de vivre que de principes divers, voire discordants. En fait, un principe organise une vie en subordonnant ce qui a le moins de valeur à ce qui en a le plus.

Des conflits peuvent naître du fait que, chacun s'identifiant à son principe de vie le considère comme le meilleur. Que devient, par exemple, le militaire qui a consacré sa vie entière à trouver des stratégies offensives ou défensives quand il n'y a plus de guerre ou plus de raison de s'affronter ? L'exemple de l'armée russe est patent quant à son dysfonctionnement actuel[2].

S'il y a donc des principes qui périclitent ou qui se voient substitués par d'autres, ne faut-il pas s'interroger sur ce qu'est un vrai principe, à savoir quelque chose qui vaut pour tous, en tout lieu et en tout temps, c'est-à-dire un principe universel ?

Comprendre pour ne plus craindre la mort

L'instance qui pose la question du droit et du fondement, c'est la raison. C'est elle qui peut juger de la nature des principes de vie à

---

1. Le terme « âme » n'a aucune connotation religieuse relative au dogme judéo-chrétien. Pris dans son contexte philosophique, ce terme latin traduit en fait le terme grec de « *psyche* », à savoir « souffle vital », ce qui anime le corps.
2. L'armée russe connaît un taux de suicide et des actes d'exactions alarmants, comme en témoignent les rapports de l'ONG, créée en 1991, des « Mères des soldats de Saint-Pétersbourg » : les décès dans l'armée sont liés à la non-réforme de cette institution, à l'envoi de jeunes en mauvaise santé au service militaire, aux mauvaises conditions sanitaires et à l'absence de poursuites pénales pour l'atteinte aux droits de l'homme.

adopter. Quand nous nous interrogeons sur notre manière de vivre, nous ne nous référons plus à ce qui est « de fait », mais à ce qui doit être « de droit » et qui permet d'orienter nos actions. L'ignorance ou la passivité font que nous ne nous décidons pas à opter pour un vrai principe de vie, à savoir un principe universel sur lequel chacun peut s'accorder s'il consulte sa raison. Le respect de la dignité humaine est un principe universel qui devrait orienter nos actions et cela sans exception. C'est même un devoir, contrairement au principe de l'amour qui ne peut ni se commander ni s'universaliser.

Nous vivons plus que jamais en mortels, nous n'en finissons pas de poursuivre des buts particuliers qui nous agitent, nous divertissent et nous rendent toujours plus dépendants à l'égard de la mort qui nous enserre la gorge. C'est alors la manifestation de l'angoisse, ce sentiment de resserrement, d'étroitesse, proche de l'étouffement, que l'étymologie latine (*angustus*, « étroit ») renferme. Nous souffrons donc de ces morts successives qui fragilisent toujours plus notre être à mesure que nous sombrons dans le sentiment de l'absurdité de la vie elle-même.

Avoir, pour ainsi dire, une *sensibilité acoustique* à sa raison est décisif dans la manière de mener sa vie. Si l'enfant peut l'avoir, il appartient à l'adulte de la faire souvent résonner en lui-même et non dans le vide.

Est philosophe celui qui, précisément, subordonne sa vie à sa raison, c'est-à-dire à la recherche de la vérité, puisqu'il y a une parenté intime entre la raison et la vérité. Comprendre, en effet, c'est comprendre ce qui est vrai. Nul ne peut comprendre le faux ou l'erreur. Autrement dit, chaque fois que l'âme se concentre en elle-même, c'est pour, comme le dit Socrate, « *se réfugier du côté des idées pour y trouver la vérité des êtres*[1] ». C'est de ce côté que vit déjà

---

1. Platon, *Phédon*, Flammarion, 1991, 100b.

Socrate, du côté qui le fait vraiment vivre, si bien que la mort qui le conduira aux îles des Bienheureux ne semble pas si différente de la vie qu'il a menée jusqu'ici. Ainsi rassemblé et concentré sur ce qui est vraiment, que pourrait craindre Socrate ?

La mort déSocratise-t-elle Socrate ?

Tenir un tel discours n'a pas pour but de se consoler de la mort et de se donner du courage pour l'affronter. Le but n'est pas d'être devant la mort à la manière d'un vieux guerrier devant son dernier combat, puisque cette mort-là ne peut atteindre celui qui a vécu, vit et vivra selon la vie de la pensée. La mort n'atteint pas Socrate dans son être « socratique » : elle ne le « désocratisera » pas. Ce n'est donc pas Socrate qui va mourir, ainsi que ce Socrate physiquement présent s'évertue à en persuader son ami Criton ; c'est son cadavre, à savoir ce qui est déjà mort, puisque seul ce qui est mortel porte avec lui la mort.

Ainsi, personne n'est fondé à se plaindre de la mort : ni ceux dont elle ne fait qu'achever l'anéantissement, ni ceux qui n'ont pas à la craindre parce qu'elle ne les a jamais vraiment menacés. De quoi meurt-on alors ? L'individu périt par un mal dont il est lui-même la cause, et non par un mal qui lui serait étranger, souligne Socrate[1]. C'est l'injustice (au sens où l'on commet le mal) qui est mortelle, parce qu'elle fait littéralement « perdre son âme » à celui qui commet des actions injustes. Elle défigure l'être humain, à l'instar du portrait de Dorian Gray qui se déforme à mesure que son âme sombre dans l'injustice[2].

© Groupe Eyrolles

---

1. Platon, *La République*, *op. cit.*, 610c.
2. Oscar Wilde, *Le portrait de Dorian Gray*, LGF, 2003.

De ce fait, dire Socrate, c'est parler d'un certain « arrangement » (*cosmos*[1]) propre à une âme qui vit selon « *la modération, la justice, le courage, la liberté et la vérité*[2] ». La mort devient alors « *un signe de reconnaissance* » (*tekmerion*) de la nature de l'âme : elle joue comme révélateur, pour soi et pour les autres, de ce qui fait sens pour une âme. Socrate enjoint ainsi ceux qui l'ont vraiment écouté à avoir souci d'eux-mêmes[3], car c'est la condition de la joie : « *C'est en ayant souci de vous-mêmes que tout ce que vous pourrez faire procurera de la joie, à moi et aux miens et à vous aussi*[4]. » Socrate, par ses discours et sa manière de vivre, montre qu'une âme qui comprend sa parenté avec le vrai engendre, par elle-même, une vie heureuse. Un tel bonheur ne qualifie pas une durée ou une tranche de vie, mais la jouissance d'un certain mode d'existence : celui de la philosophie. C'est cette même idée qui parcourt le vers de Mallarmé, « *Tel qu'en Lui-même enfin l'éternité le change*[5] ».

--------------------- **Les bonnes attitudes** ---------------------

Faites entrer le jour dans votre vie quotidienne ! D'une valeur principalement positive, le jour favorise le bonheur du commencement : « *Le vent se lève, il faut tenter de vivre* », disait le poète Valéry[6]. Le jour, c'est la lumière du matin qui vient dissiper vos terreurs et vos tourments de la nuit. Cette lumière, qui éclaire en même temps qu'elle rend

---

1. Le vers baudelairien « ordre et beauté » retentit d'accents helléniques, car l'expérience du *cosmos* (l'univers selon son ordre) est aussi celle de la beauté. Cosmologie et cosmétique vont de pair. On semble parfois l'oublier, à voir les désastres accomplis au nom de la beauté : elle doit être ordonnée et non tyrannisante.
2. Platon, *Phédon*, *op. cit.*, 115a.
3. Pour la question du souci de soi, se reporter à la première partie p. 10.
4. Platon, *op. cit.*, 115b.
5. Stéphane Mallarmé, « Le tombeau d'Edgar Poe », dans *Poésies*, Gallimard, 1992.
6. Paul Valéry, « Le cimetière marin », dans *Charmes*, 1922.

lucide, est la métaphore la plus adéquate pour désigner l'exercice de la raison. Fréquentez davantage votre raison pour qu'elle devienne plus familière à votre vie, et parce que ce qu'elle fait naître en vous s'oppose réellement à la mort.

Ce n'est pas la vie qui s'oppose à la mort, mais la naissance. S'il y a un enfantement corporel, il y a aussi un enfantement par la raison, qui génère des idées vraies. Si la beauté de la vie a souvent l'attrait éclatant de la jeunesse, à vous de cultiver ces idées qui ne vieillissent jamais et de méditer sur ce qui est vraiment vivant.

La beauté comme chemin de vie

Nous pouvons trouver la vie banale, surtout quand tout va pour le mieux, et banal l'étonnant foisonnement de formes que nous montre la nature. Mais en nous y attardant davantage, ce senti-ment laisse place à celui d'une prise de conscience plus féconde décrit par Kant :

« Il est un jugement que l'entendement le plus commun lui-même ne peut s'empêcher de porter lorsqu'il réfléchit sur l'existence des choses dans le monde et sur l'existence du monde lui-même : c'est que toutes les diverses créatures {...} existeraient en vain s'il n'y avait pas des hommes (des êtres raisonnables en général) ; c'est-à-dire que sans les hommes, la création tout entière serait un simple désert inutile et sans but final[1]. »

Autrement dit, et sans besoin de se placer selon une optique chré-tienne, l'être humain donne du sens au monde dont il fait pour-tant partie, parce que ce monde l'interroge au fur et à mesure qu'il s'élève dans sa réflexion. L'être humain éprouve de l'embarras dans ce bourdonnement de questions et une insatisfaction, non à l'égard de ceci ou de cela, mais une insatisfaction fondamentale en raison de l'absolu dont il porte la vocation. C'est pourquoi l'infini

© Groupe Eyrolles

---

1. Emmanuel Kant, *Critique de la faculté de juger*, Gallimard, 1989.

des espaces ou la violence des éléments naturels sont des occasions privilégiées pour exprimer ces sentiments puissants qui nous débordent : à l'infini de la nature répond notre quête irrépressible d'absolu.

─────────── **Les bonnes questions** ───────────

Souvenez-vous de votre disposition mentale quand vous êtes face à une mer déchaînée, à l'infini du désert ou devant les cimes des montagnes : que ressentez-vous ?

Demandez-vous : « Qu'est-ce que je fais dans ce monde ? » Même si vous détenez quelques réponses, vous n'en êtes probablement pas satisfait. Approfondissez encore : ce sentiment d'insatisfaction n'est-il pas mêlé à autre chose ?

Est-ce que vous vous sentez réellement écrasé par l'immensité de la nature ? Son spectacle est l'occasion pour vous d'un plaisir esthétique : comment se fait-il que la nature soit telle qu'elle vous inspire, et parfois même vous redonne courage ?

Le spectacle de la nature

Le spectacle de la nature nous permet de faire l'expérience du sentiment du sublime : nous nous sentons petits face à la puissance et à la beauté de la nature, nous relativisons nos problèmes en les mesurant à une autre échelle, et nous nous interrogeons sur le sens de « tout cela », soi et le monde, soi dans le monde. Un tel spectacle, par la beauté qu'il laisse voir, nous donne à penser. Mais penser à quoi et pensée de quoi ?

« Certainement, rien ne m'a plus formé, plus imprégné, mieux instruit — ou construit — que ces heures dérobées à l'étude, distraites en apparence, mais vouées dans le fond au culte inconscient de trois ou quatre déités incontestables : la Mer, le Ciel, le Soleil {…} {ils} nous façonnent {…} à ressentir sans effort et sans réflexion la véritable proportion de notre

nature, à trouver en nous, sans difficulté, le passage à notre degré le plus élevé, qui est aussi le plus "humain". » (Paul Valéry, « Inspirations méditerranéennes ».)

Il ne s'agit pas d'analyser les éléments de cette beauté pour établir une science objective de la nature. Si le naturaliste peut s'extasier devant les productions si variées de la nature, il doit mettre entre parenthèses son admiration et s'atteler à connaître les causes des phénomènes qu'il observe. La science procède par explications, et les objets des sciences sont relatifs aux normes de la connaissance qui les déterminent. Ainsi, comme le déclare Galilée dans un acte fondateur de la science moderne, il ne s'agira pas de considérer les choses selon leurs qualités sensibles (couleurs, odeurs, saveurs, etc.), mais uniquement selon la mesure, la quantité, le mouvement et la forme. Une telle connaissance mathématique dépoétise le regard que l'on porte sur la nature, mais ce ne sont pas là les préoccupations du savant. Si celui-ci peut avoir une perception aiguë de la nature, il n'a pas à répondre du sens de la vie humaine[1].

Rien de comparable pour celui qui s'adonne à la contemplation de la beauté naturelle de l'olivier ou du cygne, puisqu'il ne cherche aucunement à connaître ses propriétés : la seule vue de l'objet suscite en lui un pur état d'esprit ; il jouit pleinement du plaisir esthétique qu'offre la nature. L'esprit laisse alors libre cours au jeu de ses facultés sans les contraindre au mécanisme de l'explication

1. Comme le remarque le paléontologue Yves Coppens lors d'un entretien sur France Culture, « *Nous vivons dans une société qui assaille littéralement ses scientifiques, pour leur poser des questions métaphysiques auxquelles ils ne sont absolument pas faits pour répondre, ou pas davantage qu'un épicier ou un agriculteur. Le sens de la vie est une question bien trop importante pour être confiée à un groupe d'experts {...}. Quand les gens se tournent vers nous pour nous demander "Que pensez-vous de l'avenir de l'homme ?", que puis-je leur répondre d'autre que des choses gentilles ?* »

rationnelle. L'originalité de cet état d'esprit vient de ce que les facultés intellectuelles bénéficient de l'élan et de la liberté habituellement réservés à l'imagination : elles se libèrent du carcan des règles et des rails des concepts physiques, sans tomber dans une spéculation oiseuse ou fantasque. On aura beau expliquer scientifiquement la formation du corail et démontrer les causes de sa fragilité, si l'on cherche à le préserver, il est préférable d'en montrer sa beauté unique et incomparable, car c'est sa beauté qui nous donne à réfléchir[1]. Voilà le merveilleux, et c'est ce qui fait tout le mystère de la beauté naturelle.

C'est pourquoi le beau fait naître un intérêt philosophique, non pas immédiat mais indirect. Son pouvoir d'attraction le rend capable de faire voir ce qui est invisible aux yeux. Autrement dit, le beau prend du sens parce qu'il nous transporte du sensible (une chose est belle) à l'intelligible (la beauté devient une *idée* pour la raison).

La sensibilité humaine au beau est un facteur de dépassement : autre chose se montre au cœur même de la chose contemplée pour sa beauté. Par exemple, on verra dans le lys le symbole de la pureté, bien qu'il n'y ait aucun rapport entre cette fleur sensible et le concept de pureté : la pureté n'est pas contenue dans le lys. Voilà pourquoi certains spectacles naturels peuvent apparaître comme le signe de quelque chose de spirituel et se napper de cette infinité qui prend un sens pour la raison. Il n'est d'ailleurs pas anodin si c'est à la Renaissance, époque qui renoue le dialogue entre l'homme et la nature, que les peintres ont introduit le procédé de la fenêtre ouverte dans leurs perspectives, pour mieux montrer qu'il n'y a rien de naturel entre l'homme et la nature —

1. On comprend, en ce sens, la démarche à la fois artistique et écologique du photographe Yann Arthus-Bertrand, qui fait découvrir la beauté, souvent insoupçonnée, des paysages naturels.

l'homme interprète la nature selon des codes culturels –, mais que tout fait signe et renvoie à du sens.

Pensons à ce vers de Baudelaire, « *Homme libre, toujours tu chériras la mer* » : la mer devient le symbole de la liberté. La nature nous révèle quelque chose qui la dépasse. Il y a, à nos yeux et lors de moments de profonde communion avec elle, un accord entre ses productions et la vocation de notre esprit. Cet accord, ressenti comme harmonie, laisse penser que la nature, tout en étant soumise à la nécessité des lois scientifiques, n'est pas hostile ou étrangère à la quête d'absolu de l'esprit. L'esprit y trouve de multiples correspondances, et en même temps un repos qui le fortifie. Réfléchir, au sens fort, c'est penser à ce que l'on ne peut pas démontrer ou expliquer, c'est s'interroger sur sa condition humaine.

L'expérience métaphysique du beau

Le beau nous encourage à croire en notre destination morale. On qualifie d'ailleurs de « beau » ou de « sublime » un acte accompli par respect de la personne humaine ou qui fait preuve de générosité à l'égard d'autrui. De même, lorsque la déesse Diotime invite Socrate à poursuivre son chemin vers la sagesse, elle prend soin de lui rappeler que c'est la beauté qui en est le moteur : c'est le beau qui conduit chacun de la beauté sensible des corps à celle des âmes, jusqu'à parvenir à la contemplation du bien. C'est là précisément le sens de la métaphysique qui signifie au-delà du monde physique (la nature). Le beau devient alors symbole du bien au fur et à mesure du changement de regard qu'opère l'âme, du monde sensible à l'intelligible qui donne sens à la nature. Car les choses ne « tombent pas sous le sens » : que resterait-il à contempler si tout n'était qu'une morne duplication des idées de la raison ? Les paysages saturés par l'exposition d'une rationalité victorieuse – les nouvelles mégalopoles (Mexico, São Paulo ou Tokyo) – obéissent trop aux conventions de la raison pour laisser un espace à la liberté de la réflexion.

Avec le beau naturel, on a affaire, au contraire, à une expérience tout à fait particulière, à savoir une expérience métaphysique : non plus une simple expérience sensible sollicitant nos cinq sens, mais une expérience tout de même, parce qu'elle nous permet d'éprouver dans notre chair ce qui est de l'ordre de l'absolu.

Les bonnes attitudes

Le plaisir éprouvé par le spectacle de la nature vous encourage à croire que votre vie dans ce monde a du sens. La nature ne vous manipule pas. Au contraire, votre esprit se désaltère dans une réflexion qui ne le contraint pas à s'arrêter à ses certitudes ni à ses résultats.

Aventurez votre vie, pourrait-on dire ! Vivez de cette réflexion qui vous situe au cœur de vous-même, au centre de ce « cœur » si souvent négligé à cause de considérations trop hautaines, voire méprisantes. On peut être le plus grand savant du monde et avoir l'esprit étroit. Et on peut être balayeur de rue et avoir l'esprit à même de pénétrer l'absolu qui s'exprime dans la nature.

Aérez-vous : c'est l'occasion d'élargir votre esprit.

Comment croire en Dieu ?

La contemplation de la beauté naturelle, en rendant possible une expérience métaphysique, peut amener à s'interroger sur la question de l'origine (ou du principe) de l'Univers, et, par là, de l'existence de Dieu. Existence du Dieu monothéique ? Ou d'un dieu singulier d'un pluriel, un dieu parmi des dieux ? Ou ni Dieu ni dieux ? Fidèle, païen, athée ? Il faut donc déjà se mettre d'accord et s'entendre sur le sens des mots. La désignation du dieu comme étant le « bon » dieu s'affiche d'ordinaire à coups de guerres, de fanatisme et d'exclusion. L'usage du nom commun « dieu » en fait souvent un nom propre en même temps que l'on passe de la religion à la morale ou de la religion à la politique. La croyance (ou

non) en Dieu(x) est donc au carrefour des dimensions existen-
tielles, morales et politiques de la vie humaine.

──────────── Les bonnes questions ────────────

Votre quête de l'absolu s'exprime-t-elle sur le mode d'une croyance
en Dieu ou autrement ? Avez-vous hérité d'une croyance religieuse
particulière, accompagnée d'une éducation plus ou moins stricte ? Au
contraire, votre croyance est-elle née de rencontres ou d'expériences
qui vous sont strictement personnelles ?

Pourriez-vous vivre sans aucune croyance ? Est-ce que les idées du
bien et du mal vous semblent possible sans religion ? Si vous élevez
ou avez élevé votre enfant dans une religion, est-ce par souci d'une
transmission de sens, de repères, de mémoire ?

La peur de la mort (et ses multiples formes – maladies, accidents, guerres, etc.) rend-elle nécessaire la croyance en Dieu ?

La question de Dieu ou l'embarras de la pensée

Comment l'homme peut-il se poser la question de Dieu ? D'un
point de vue purement théorique, la question porte sur un objet
inaccessible à nos sens ; on peut seulement la poser en exagérant
nos propres qualités humaines : Dieu est *le plus* puissant, *le plus*
savant, *le plus* aimant, etc. Mais dire que Dieu est ceci ou cela n'est
ni vrai ni faux, puisqu'on ne peut affirmer ou nier son objet : on
ne peut pas dire qu'il existe, au même titre que l'on ne peut pas
dire qu'il n'existe pas. La question de l'existence de Dieu donne
lieu à des développements de pure logique, insuffisants pour
adhérer à la croyance en son existence et avoir des effets concrets
sur notre vie.

Ainsi en est-il du fameux raisonnement de saint Anselme, au
XIe siècle, qui a marqué l'histoire de la théologie en raison de son
implacable logique. En effet, si l'on admet que Dieu est « *tel qu'on*

n'en puisse pas penser de plus grand » (lorsqu'on dit qu'il est infini par exemple), on en conclut qu'il est « *donc hors de doute qu'il existe quelque chose de tel que rien ne se peut penser de plus grand, et cela tant dans l'intellect que dans la réalité*[1] ». Laissons-nous porter quelques instants par sa démonstration : penser que quelque chose puisse être plus grand que ce que l'on pense est la preuve même que Dieu existe en dehors de notre pensée, car sinon, comment pourrions-nous concevoir cette grandeur infinie, sachant que notre pensée est limitée et qu'elle ne peut donc contenir cette grandeur ?

Malgré l'évidence apparente de ce raisonnement, il repose sur une confusion qui consiste à passer de la pensée d'une chose à sa réalité. Comment se demander si Dieu « existe », puisqu'il ne va pas de soi qu'il puisse avoir le rang d'un « quelque chose » ? Saint Anselme n'a fait que démontrer par son sophisme que la croyance n'est que croyance et que toute tentative d'en avoir une preuve logique n'est qu'un cercle logique.

Nous voilà donc bien renseignés ! Mais la grandeur de cette position est de reconnaître que l'on ne peut pas s'affranchir de la tâche de penser Dieu. Toute la théologie du Moyen Âge l'atteste, où la Bible et le Coran dialoguent avec les philosophes grecs Platon et Aristote, dont les artisans sont Avicenne, Maïmonide et Thomas d'Aquin. Un travail d'interprétation des Écritures est nécessaire pour examiner les récits et les métaphores utilisés pour parler de Dieu.

Dans le cas contraire, il est prudent de reprendre le mot de saint Justin, « *nous sommes les athées de tous les faux dieux* ». Nous pouvons en effet faire ce constat troublant que les discours sur « Dieu » en général, tant ceux des savants que des croyants, valent surtout pour ce que l'*on* dit de Dieu. C'est ce *on* qu'il faut interroger. Celui qui se risque à parler de Dieu dit, en réalité, plus de lui-même que de

---

1. Saint Anselme, *L'œuvre d'Anselme de Cantorbéry*, Cerf, 1986, ch. II.

« Dieu » : « *Ne pensant pas Dieu, qu'ils ne peuvent pas penser, mais eux-mêmes en ses lieu et place, ce n'est pas à lui qu'ils se rapportent, mais uniquement à eux-mêmes* », remarque saint Augustin[1]. Dire « je crois en Dieu » ou « je n'y crois pas » indique, en effet, que nous pouvons admettre pour vrai ce que nous ne voyons pas, ou, au contraire, que nous n'admettons que ce qui est vérifiable ; que nous nous inscrivons dans une communauté supra-humaine ou, inversement, exclusivement humaine ; que nous trouvons dans cette conviction un réconfort, une espérance, ou que nous rejetons toute autorité transcendante au nom de notre liberté. Mais, de tout ce kaléidoscope de discours, aucun ne renvoie à « Dieu ».

À la recherche de l'idole

Sommes-nous donc contraints au silence sur Dieu ? Est-il indicible ? Tout un courant de théologie, dite « théologie négative », insiste sur l'idée que Dieu est au-delà de ce que nous pouvons en dire. Il est ce « néant par excès ». Parler de « Dieu », c'est donc, d'une manière ou d'une autre, toujours risquer de lui substituer une idole et de devenir impie. Or, l'idole ne montre pas *ce* qui est visé, mais *celui* qui vise. Plus que tout autre, le « fondamentaliste » ne croit en Dieu que dans l'intention de garder confiance en lui-même, coûte que coûte. Il ne dit rien de Dieu, mais seulement de lui-même sous l'égide de son idole.

Dans nos sociétés contemporaines, nombreuses sont les idoles incarnées (stars de cinéma, chanteurs, footballeurs, etc.) qui valent comme autant de symptômes de nos propres projections ou idéalisations. Il n'est donc pas étonnant que toutes les religions instituées se soient toujours méfiées des idoles et du penchant pour l'idolâtrie. D'où l'interdit de la représentation de Dieu, dans les religions juive et musulmane, au profit d'une savante géométrisation qui replace

---

1. Saint Augustin, *La cité de Dieu*, Seuil, 1994, XII.

chacun dans son ordre de réalité : « Dieu » est l'innommable et l'irreprésentable[1].

La vénération d'un dieu devenu idole menace toute religion de superstition et, pire encore, de fanatisme ; les religions monothéistes étant les plus touchées parce qu'elles se targuent trop aisément d'un privilège d'élection. L'énoncé « Dieu existe » équivaut alors à ce qu'il est « avec nous » et, conjointement, « contre tous les autres ». Cette idolâtrie manipulable permet à un pouvoir politique d'imposer son autorité et de tenir un peuple dans l'ignorance.

Quand la politique se mêle de religion

Tout pouvoir tyrannique attendant une obéissance aveugle aux lois qu'il décrète trouve appui dans une religion fondée sur le respect de dogmes réputés intangibles et qu'il ne faut pas remettre en cause : pouvoir théologique et pouvoir politique cherchent ainsi à étendre leur pouvoir temporel. Les textes sacrés sont mis hors de portée de toute interprétation possible afin d'établir une autorité absolue qui transcende la compréhension commune des individus. Le caractère sacré de l'autorité résulte ici d'une perversion de la religion qui s'autorise un pouvoir en s'attribuant un droit de regard exclusif sur les textes de l'Écriture. Elle devient illégitime puisqu'elle s'arroge le droit de régner sur les esprits en leur interdisant toute liberté d'expression : interpréter l'Écriture est alors un blasphème, un sacrilège.

L'autorité dont se réclament les théologiens en confisquant leur savoir se pose comme indiscutable ; la religion requiert une adoration sans compréhension et consiste uniquement en ses mystères.

---

1. Emmanuel Levinas, dans *L'au-delà du verset. Lectures et discours talmudiques* (Minuit, 1982), explique ainsi : « *Les termes hébraïques de l'Ancien Testament {…}, le Talmud veut qu'ils soient noms propres. Le nom de Dieu serait toujours nom propre dans les Écritures. Le mot Dieu manquerait à la langue hébraïque ! Belle conséquence du monothéisme où n'existent ni espèce divine ni mot générique pour la désigner.* »

Comment prétendre détenir la lumière naturelle nécessaire à la compréhension des textes et en interdire l'usage à tous ceux qui ne sont pas experts en la matière ? Comment admettre que Dieu se soit adressé aux hommes, à leur lumière naturelle, si la religion empêche tout libre usage du jugement ? Faut-il se garder de comprendre au nom d'une raison rendue étrangère à soi-même ? Sans compter que les théologiens, devenus alors des fanatiques, s'avèrent moins soucieux d'obéir aux enseignements de l'Écriture que d'user de violence pour imposer leurs jugements jusqu'à provoquer séditions, cruautés et guerres.

La nouveauté introduite par Spinoza consiste non pas tant à interpréter l'Écriture qu'à lui conférer un statut de texte : l'Écriture sainte, de récit, est devenue un écrit ou un texte au sens strict, c'est-à-dire relevant d'une science philologique. Les mots ne sont donc pas, en eux-mêmes, sacrés. La sacralité se manifeste dans les usages que l'on peut faire d'un texte, et non dans le texte lui-même, comme l'observe Spinoza : « *Mérite le nom de sacré et de divin ce qui est destiné à l'exercice de la piété et de la religion, et ce caractère sacré demeurera attaché à une chose aussi longtemps seulement que les hommes s'en serviront religieusement. En usent-ils pour une fin contraire {...}, cela même qui était auparavant sacré devient impur et profane*[1]. »

Il y a donc, d'un côté, ce que dit le texte et qui mérite d'être interprété et de l'autre, ce qu'il enseigne, à savoir justice et charité. Le travail d'interprétation de l'Écriture rompt avec une religion dont les ressorts sont la crainte et l'espoir suscités chez les fidèles ignorants des textes. Au contraire, l'exégèse entreprise par Spinoza ouvre le sentiment religieux sur la vérité, la liberté (d'expression) et la paix (le gouvernement ne s'allie pas avec la religion qui est d'ordre privé). Elle allie l'objectivité d'une méthode et l'autonomie du jugement, car personne ne peut être contraint à la foi. Spinoza

---

1. Baruch Spinoza, *Traité théologico-politique*, Flammarion, 1997.

incite ainsi chacun à un travail d'intériorisation de sa foi, à méditer et à s'interroger par lui-même.

Une religion sans Dieu ?

Étant donné le danger que représente la confiscation d'une croyance religieuse par un pouvoir politique, peut-être vaut-il mieux penser la religion sans Dieu. Penser qu'il existe une vie après la mort, dit le cinéaste russe Tarkovski, dont les films sont toujours emprunts de spiritualité, « *c'est cela qui se révèle angoissant. Cela serait tellement plus simple de se concevoir comme un fil de téléphone qu'on débranche. On pourrait alors vivre comme on veut. Dieu n'aurait plus aucune espèce d'importance*[1] ». Et dans cette lignée de penseurs russes, c'est la phrase cinglante d'Ivan, dans *Les frères Karamazov* de Dostoïevski, qui résonne : « *Alors tout est permis*[2]. » Si donc on ne s'embarrasse plus de l'existence de Dieu, ne peut-on pas concevoir simplement la religion comme une fonction qui régulerait les actions humaines ? On rapatrierait ainsi le sens de l'existence dans notre vie même, il ne serait plus transcendant, au-delà de notre vie.

La religion, selon son étymologie, suppose un lien d'attachement qui rassemble et relie. Ce lien religieux est un lien de respect inconditionné, et fondateur de la communauté politique des hommes. Raison et religion ne s'excluent donc pas, pour autant qu'elles reposent sur des principes communs et enjoignent à agir selon la justice et la liberté, affirmant toutes deux qu'il appartient à l'être humain de se gouverner lui-même. Il n'y a donc rien à attendre de Dieu puisqu'il ne dit pas comment accomplir la justice, comment aimer ou comment pardonner. De même, la vraie morale n'est pas moralisatrice et ne dicte aucun code à suivre

---

1. D'après un entretien sur France Culture.
2. Fedor Mikhaïlovitch Dostoïevski, *Les frères Karamazov*, LGF, 2004.

© Groupe Eyrolles

à la lettre, étant donné qu'il faut user soi-même de sa raison pour conduire sa vie selon les principes qui paraissent les plus justes.

C'est pourquoi la croyance dans les miracles apparaît comme une hérésie, et consiste finalement à se faire les dieux que l'on veut. De tels dieux quémandent, et selon le sarcasme d'Aristophane[1], leurs statues les représentent la main tendue, non pour donner, mais pour recevoir. C'est ce qu'exprime l'idée de sacri-fice, littéralement, « ce qui fait sacré » : il faut sacrifier à ces dieux quelque chose. Ils n'existent que par la vie de ceux qui les ont fait dieux. On meurt pour leur donner vie et on dévalorise du même coup sa propre vie, alors même que l'on croyait lui conférer une valeur supérieure.

Au contraire, une religion sans Dieu serait une sorte de morale, voire son adjuvant, au service du lien social. Dans les pays où l'on enseigne la religion à l'école, les enfants de parents agnostiques ont des cours de « morale laïque » (ce peut être un analogue de ce que Rousseau nommait la « *religion civile* »). Il ne s'agit pas d'une religion cantonnée à une morale privée, axée sur la foi en Dieu, mais d'une morale sans culte, sans révélation et sans mythes fondateurs. Autrement dit, d'une morale sans religion. Mais en cherchant à affirmer l'autonomie de l'individu, la morale risque, par un retournement inévitable, de se réduire aux seules valeurs que pose chacun. Nietzsche l'a fortement répété : sans dogme religieux, les valeurs se dévaluent, les morales sont révocables et aucune fin n'est ultime. Faut-il donc promouvoir le retour au religieux, par crainte de l'illusion de toute puissance qu'a l'être humain devant ses avancées technologiques, par exemple ?

Les programmes de l'Éducation nationale prévoient un enseignement scolaire du *fait* religieux (et non des religions) pour combattre, en partie, le sectarisme et l'intolérance des replis

---

1. Aristophane, *Comédies*, « L'assemblée des femmes », Les Belles Lettres, 1972.

communautaires. Mais pour ce faire, il faudrait en même temps montrer la rationalité à l'œuvre dans le monothéisme, héritier de l'hellénisme, du judaïsme, de la philosophie arabe et de la théologie chrétienne. Une étude historique est importante si elle est en dialogue avec la philosophie, puisque celle-ci se pose la question du principe et de la fin. L'on découvrira alors qu'on a voulu substituer à la foi en Dieu la foi en l'homme, comprise comme confiance en ses capacités morales. Mais si l'idée de foi en l'homme est juste en son fond, qui peut croire en l'homme ? L'homme lui-même ? Mais croire en soi à titre de fondement, n'est-ce pas folie ? Si nous nous rendons à nous-mêmes un culte, c'est notre mort que nous célébrons en véritables sacrificateurs.

Relisons ces lignes de Hegel, écrites à l'orée du XIXe siècle : « *L'homme est cette nuit {…}. C'est cette nuit que l'on découvre quand on regarde l'homme dans les yeux, une nuit qui se fait de plus en plus épouvantable ; c'est la nuit du monde qui tombe devant nous*[1]. »

Dieu : possible ou impossible ?

L'idée de Dieu demeure donc. Religion et raison, si souvent concurrentielles, parfois antagonistes, conduisent à explorer tant la beauté des conduites humaines que leurs limitations les plus effroyables. Notre impossibilité à atteindre l'existence de Dieu ne disqualifie pas son idée, comprise comme question. Elle nous permet, au contraire, de continuer à nous interroger sur l'exception qui touche Dieu en termes d'existence, d'être, de définition ou de création. Selon Jean-Luc Marion, « *son impossibilité n'interdit pas l'idée de "Dieu", car s'il s'agit de Dieu, l'impossibilité elle-même devient possible*[2] ».

---

1. Hegel, cité par Alexandre Kojève dans *Introduction à la lecture de Hegel*, Gallimard, 1979.
2. Jean-Luc Marion, « L'irréductible », revue *Critique*, janvier-février 2006.

La célèbre déclaration de Tertullien, « *je crois parce que c'est absurde de croire* », ne dit rien d'autre. Il s'agit de prendre la mesure de la différence entre les hommes et Dieu, entre leurs attitudes respectives face à l'impossibilité. Les êtres humains ne vivent que dans le possible et tant que dure ce possible. La mort, en les exposant à l'impossibilité, les met soudainement en situation de croire à l'inversion des sens usuels du possible et de l'impossible. Qui n'espère pas, en pleine tempête, être secouru, alors que cela semble impossible ? Qui n'espère pas, en plein désert, rencontrer, contre toute attente, une main secourable, ainsi que le relate Saint-Exupéry sous le péril de la maladie et de la soif : « *Nous sommes sauvés, il y a des traces dans le sable {…}. Il y a ce nomade pauvre qui a posé sur nos épaules des mains d'archange*[1]. » L'inespéré se nomme ici « archange », ailleurs autrement dénommé, mais partout invoqué d'une manière ou d'une autre. Dès qu'il y va de l'impossible qui nous rend nécessiteux et vulnérable, il doit s'agir de Dieu. La possibilité qui surgit de l'impossible, et donc de l'incompréhensible pour nous, est celle de Dieu qui seul le peut. Certes, l'expérience de l'impossible ne conduit pas nécessairement à l'idée de Dieu, mais « *l'impossible une fois ouvert, il suffit que quelque chose puisse survenir et le contredire en le rendant possible, pour que nous ayons le droit de lui reconnaître le titre de Dieu*[2] ».

Les bonnes attitudes

La religion n'est pas de l'ordre d'un investissement dont on attendrait un retour, ni d'une espèce de marchandage promettant récompenses ou châtiments. Que vous soyez croyant ou athée, polythéiste ou monothéiste, restez vigilant avec vos propres croyances afin de ne pas chercher à les imposer aux autres.

1. Antoine de Saint-Exupéry, *Terre des hommes*, Gallimard, 1972.
2. Jean-Luc Marion, *op. cit.*

Telle est la vraie douceur dont parle Socrate. La liberté, c'est d'abord celle de l'autre qui ne pense pas comme vous, dira Rosa Luxembourg. Le dialogue passe par l'écoute : « *Ne sachant pas écouter, ils ne savent pas non plus parler* », remarque le philosophe Héraclite. Le silence est donc aussi constitutif d'un recueillement « religieux » (sans être propre à une religion), parce vous pouvez toujours vous attendre à du « divin », qu'il soit dans la nature, en l'homme ou en Dieu.

Soyez donc prêt pour ces contrées au sein desquelles vous verrez du pays, vous, « *les plantés sans racines*[1] », tantôt païens, tantôt pieux.

© Groupe Eyrolles

---

1. B. Cassin, « dieux, Dieu », revue *Critique*, janvier-février 2006.

V.

Le temps qui passe

Depuis l'Antiquité, la rose symbolise la brièveté de la vie humaine. Son éclosion et sa flétrissure rappellent à la fois la jeunesse et le charme des commencements, mais aussi l'inéluctable vieillesse et la douleur d'une vie temporelle limitée. La vie se présente selon une croissance finalisée par la dégradation. Entre la naissance et la mort d'un être vivant, il y a le temps du développement où la maturation correspond au point d'acmé de son existence. Ce point d'acmé est historiquement variable pour les êtres humains en raison de l'évolution des mœurs, conjointe à l'essor économique et à l'amélioration des soins médicaux. Ces paramètres influencent la manière de vivre, c'est-à-dire la façon d'organiser le temps de sa vie. Si, dans la Grèce antique, par exemple, la vieillesse était établie vers la trentaine, l'intégration de cette norme sociale commandait à l'individu de s'accomplir avant cette date butoir. Chacun arrange donc sa vie selon une perception précise et normée du temps. Pris dans cette structure à laquelle nous nous sommes accommodés, nous réfléchissons rarement au temps lui-même, mais nous en mesurons quotidiennement les effets. Ceux-ci sont appréhendés différemment selon nos humeurs ou nos attentes, si bien que le temps peut apparaître terriblement long pour l'accusé suspendu au verdict de son procès ou, au contraire, incroyablement bref pour les amants qui doivent bientôt se séparer. Comment vit-on dans le temps ? Que faisons-nous avec celui qui nous est im*part*i, au sens où tout être vit dans le temps et a sa *part* de temps pour vivre ?

La distorsion du temps

Si nous sommes tous sûrs de comprendre ce que l'on entend par « temps », quand nous commençons à nous interroger sur ce qu'il est, nos certitudes vacillent et le temps paraît soudain rebelle à toute définition. Saint Augustin décrit précisément son embarras : « *Or, ces deux temps, le passé et l'avenir, comment sont-ils, puisque le passé n'est plus et que l'avenir n'est pas encore ? Et quant au présent, s'il était toujours présent {...}, ce ne serait plus le temps mais l'éternité {...}. De sorte que nous ne pouvons dire avec vérité que le temps soit, sinon parce qu'il tend à n'être plus*[1]. » Le temps est insaisissable, et vouloir le déterminer, c'est chercher à le fixer alors même qu'il est dans un perpétuel devenir et que toujours il s'écoule. Ce n'est pas le temps objectif, mesuré par le mouvement des astres qui nous importe, mais bien plutôt cette manière singulière d'éprouver ses effets, de nous y perdre, de l'oublier parfois ou encore de l'attendre.

--------------- **Les bonnes questions** ---------------

Examinez la nature de votre rapport au temps : avez-vous tendance à mesurer vos activités en regardant votre montre ? Le temps est-il quelque chose d'abstrait, d'extérieur à vous et que vous avez du mal à vous approprier ? Êtes-vous plutôt ponctuel ou souvent en retard ?

Si vous faites « un relevé de temps » d'une de vos semaines ordinaires, parvenez-vous à vous faire une idée juste de ce à quoi vous accordez du temps ? N'êtes-vous pas surpris par le temps passé là où vous ne l'auriez pas souhaité ? Rappelez-vous un épisode où vous avez eu l'impression de « perdre » ou de « gagner » du temps, et analysez ces expressions paradoxales.

Une seconde pour la machine, l'éternité pour la conscience

Le temps, comme grandeur physique homogène et mesurable, se résout à une suite d'instants qui n'ont pas plus de durée que le point n'a d'étendue. Mais si l'on a conscience du temps qui passe, cela suppose que la conscience du temps transcende l'instant : la conscience est durée. À partir du présent, elle retient le passé grâce aux souvenirs, et tend vers l'avenir dans l'attente. Henri Bergson

----

1. Saint Augustin, *Les confessions, op. cit.*

dira d'ailleurs de la conscience qu'elle est « *ce pont jeté entre le passé et l'avenir*[1] ».

Le temps vécu ou la durée a donc une épaisseur qui varie d'un individu à un autre. Il est hétérogène et qualitatif, alors que le temps mathématique est homogène et quantitatif. Ainsi, certaines personnes sont plutôt du soir que du matin, d'autres ont une conscience aiguë du temps des horloges et projettent leurs activités selon des tranches horaires précises ; d'autres encore semblent coïncider avec la durée de chaque chose, à la manière des peintres japonais qui deviennent ce qu'ils peignent (montagne, oiseau, arbre, etc.) et le saisissent de l'intérieur.

Passé, présent et avenir n'ont pas une définition objective quand on se place du point de vue de leur durée : l'avenir ne tient son existence que de l'attente inquiète d'une conscience humaine, et le passé tire sa profondeur de l'effort pour se souvenir. Le sens du temps est ainsi suspendu à l'activité de l'esprit : « *L'esprit attend, il est attentif, il se souvient* », écrit saint Augustin[2]. Quand nous perdons toute perspective d'avenir, nous avons tendance à nous réfugier dans un présent immédiat et à nous affairer sous sa pression. Quand une société ne parvient pas à dégager un projet collectif dans lequel chacun pourrait se reconnaître, l'avenir est alors dévalué au profit de l'immédiateté et de l'urgence. L'urgence est alors une sorte d'intrusion de l'avenir dans le présent. Celui-ci se trouve surchargé de contraintes qui étaient jusque-là reportées sur l'avenir.

Toutefois, le temps mathématique permet de mesurer le décalage entre ce temps vécu de la conscience et le temps objectif : le décalage n'est constatable qu'à partir du moment où l'on est sûr qu'une seconde ou une minute, qualitativement variées pour la conscience,

---

1. Henri Bergson, *Essai sur les données immédiates de la conscience*, PUF, 2007.
2. *Op. cit.*

sont strictement les mêmes pour une machine. Ces deux possibilités sont simplement contraires, aucune ne peut prétendre contredire l'autre.

Le temps, le nombre et la lettre

L'organisation politique et économique d'une société suppose une gestion du temps qui passe par son calcul. Dans l'état de nature, il n'existe ni technique, ni arts, ni « *computation du temps*[1] ». Si une société veut perdurer, elle doit pouvoir se projeter sans recommencer depuis zéro, et donc savoir ce qui a pu se passer tant sur un plan historique (batailles, échanges commerciaux, etc.) que naturel (inondations, incendies, etc.).

Il faut savoir mesurer le temps pour se repérer en choisissant un événement astronomique, par exemple, et le fixer afin de ne pas l'oublier. Anticiper devient possible grâce à un savoir blanchi par le temps, qui évite d'être perpétuellement enfants, comme s'en vante l'Égyptien au Grec Solon, renvoyé au handicap de la jeunesse de sa civilisation[2]. Ainsi, le temps passé et même à venir peuvent être établis par la mesure. Mais de quelle mesure s'agit-il, ou, en d'autres termes, comment mesurer le temps ?

La mesure du temps est communément conçue par les instruments de computation (cadrans solaires, gnomons, horloges mécaniques, etc.) qui la rendent objective, c'est-à-dire identique et valable pour tous. Le nombre confère ainsi au temps son caractère d'objectivité[3].

---

1. Thomas Hobbes, *Léviathan*, *op. cit.*
2. Platon, *Timée*, Flammarion, 1992, 22b. Le calcul des crues de la vallée du Nil a permis de sauver et de rendre florissante la civilisation égyptienne.
3. Ce n'est que suite à la Révolution française qu'à l'égalité politique sera associée l'égalité métrologique (de mesure) par la signature, en 1875 par dix-huit États, de la Convention du mètre. Le mètre a été défini pour la quatrième fois, en 1983, comme la « longueur du trajet parcouru dans le vide par la lumière pendant une durée de 1/299792458 de seconde ».

Mais on peut également le concevoir comme une lettre (*gramme* en grec). La comparaison du temps et de la *gramm*aire permet d'éclairer un point important. En effet, la mesure est le propre du temps, comme la grammaire est le propre de l'écriture. L'écriture permet d'inscrire ce que l'on ne veut pas oublier, de même que la mesure du temps permet de prévoir des événements astronomiques ou climatiques. L'écriture pro*gramme* ce qui sera dit dans les lettres, et le temps « pro*gramme* » ce qui adviendra. « Programmer » est la condition de toute temporalisation : le temps s'écrit à l'avance, à la fois par les lettres nécessaires à cette écriture, et par les nombres qui mesurent son déroulement. Il faudrait donc, pour penser le temps, toujours penser, à la fois, la lettre et le nombre[1]. L'idée de pro-gramme a d'ailleurs ouvert tout l'horizon des ordinateurs et des moyens sophistiqués de télécommunications que nous connaissons.

C'est donc par l'écriture, au sens courant, que les peuples sont sauvés de l'anéantissement, puisqu'elle permet de les inscrire dans le temps et les sauve de l'oubli. Par elle, les hommes mesurent leur existence dans le temps en fonction de ce qu'ils savent devoir advenir. L'écriture fait office d'horloge en conservant la mémoire des faits passés et en permettant la prévision des événements futurs. Mesurer le temps sert à tracer une histoire, celle de son pays, et, par extension, celle de l'humanité. Chacun s'inscrit ainsi dans une histoire qui n'est plus seulement celle de la nature, mais celle d'une tradition et d'une culture qui l'ont précédé et dont il hérite.

À chaque culture son temps

Si la perception du temps varie d'un individu à un autre, cette varia-bilité s'accroît avec les différences culturelles. En effet, le temps se fonde, le plus souvent, sur des représentations collectives changeant au cours des siècles. Celles-ci relèvent souvent d'une tradition (la

---

1. C'est ce que rappelle Bernard Stiegler dans *La technique et le temps*, Galilée, 1994.

mise bas des rennes, le retour du saumon, la floraison d'une plante), transmise de génération en génération. Nous recevons de la société une culture temporelle toute faite, et l'apprentissage des règles temporelles fait partie de l'éducation de chacun.

Ces règles diffèrent d'une culture à une autre. La notion de temps, aussi universelle soit-elle, est loin de correspondre à un concept unique qui aurait la même valeur pour toute l'humanité, comme l'atteste le travail des ethnologues[1]. Connaissance scientifique et perception philosophique du temps vont souvent de pair. On a globalement retenu deux types majeurs d'appréhension du temps : le temps dit « polychrome » et le temps dit « monochrome ». Le premier apparaît plutôt dans les pays orientaux et dans les pays du sud de l'Europe, tandis que le second caractérise les sociétés libérales occidentales. Les Occidentaux considèrent le temps comme une grandeur physique mesurable, exprimée le plus souvent par référence à l'espace où se meut l'être humain. Il est représenté par une flèche horizontale orientée vers la droite (comme les frises chronologiques) qui insiste sur son aspect irréversible et linéaire. Le temps « polychrome », à l'inverse du temps « monochrome », est peu structuré, mou, divers, complexe, distendu, acceptant interférences, suspensions ou superpositions. L'événement présent domine, occulte toute notion d'écoulement, éloigne toute urgence de réalisation, ignore toute nécessité pressante d'achèvement.

Les strates des cultures

Les deux conceptions de l'existence temporelle sont imperméables l'une à l'autre, sauf à changer d'identité culturelle. La superposition de cultures différentes pousse à des adaptations plus ou moins

---

1. Georges Devereux, fondateur de l'ethnopsychiatrie, a montré dans ses œuvres les corrélations profondes entre psychisme et culture, et a ainsi mis en place une pratique psychanalytique en résonance avec les normes culturelles et ses mythes.

rapides. Bien que la plupart des pays aient progressivement adopté le calendrier grégorien[1], cela n'empêche pas la coexistence de plusieurs calendriers relevant de cultures différentes dans certains pays d'Afrique du Nord (Maghreb, Soudan, etc.) ou d'Asie (Chine, Inde, Cambodge…) ; une minorité ne suit pas le calendrier grégorien (Arabie Saoudite, Iran, Éthiopie, etc.).

Les religions s'efforcent de conserver leur calendrier propre. Si elles émigrent, elles le transportent. Se pérennisent ainsi le calendrier juif et le calendrier musulman. L'Égypte, par exemple, connaît trois calendriers – islamique, copte et grégorien –, qui servent d'instruments de référence pour tel ou tel événement. L'Inde a adopté en 1955 le calendrier grégorien employé pour l'année civile, mais l'ancien calendrier hindou continue à être utilisé pour les fêtes religieuses. Enfin, au Japon, malgré l'adoption du calendrier grégorien qui date de 1873, l'avènement du souverain ouvre une ère nouvelle : c'est à partir de l'An I de ce règne, présent ou passé, que l'on situe les événements de la culture nationale. Ainsi, la mort de l'empereur Hirohito, en 1989, met fin à l'ère Showa (« ère de paix éclairée »), et ouvre une nouvelle ère proclamée Heisei (« ère de l'accomplissement de la paix »), celle de son fils Hakihito.

L'Histoire s'inscrit donc dans un passé à références multiples. Les calendriers sont, à ce titre, de bons indicateurs des préférences des civilisations.

Le temps des échanges

Les échanges commerciaux imposent de se conformer au temps « monochrome », propre à un espace de plus en plus mondialisé.

---

1. Le calendrier grégorien, du nom du pape Grégoire XIII, fut introduit en 1582 en remplacement du calendrier Julien, et prend comme point de départ l'An I, date estimée de la naissance du Christ.

Pour les Occidentaux, la facilité d'accès (grâce aux progrès techniques des transports) à toutes les cultures du monde tend à synchroniser les différentes temporalités sur un temps unique et conventionnel. Dans ce « village planétaire » (*global village*), selon l'expression du sociologue canadien MacLuhan[1], l'information des médias de masse crée une culture unique, comme si le monde n'était qu'un seul et même village.

Ainsi, grâce à cette information immédiate facilitée par les NTIC[2], les Français sont informés du désastre d'un ouragan aux Antilles en même temps que les habitants de Pointe-à-Pitre ou de Fort-de-France. De même, l'internationalisation des marchés permet à chacun, s'il en a les moyens, d'acheter toute l'année des mangues fraîches ou d'approvisionner la campagne martiniquaise en pommes provenant de la métropole. Tout devient « à portée de mains », parce que rien ne semble prendre du temps.

Le monde fonctionne donc en continu, à l'image des marchés financiers. Lorsque la Bourse de Tokyo ferme, le relais est pris par la Bourse de Londres puis, à son tour, par celle de New York, et ainsi de suite. Autrement dit, le temps est pensé en termes de cadres spatiaux. La rapidité des flux matériels ou immatériels conduit à une contraction de l'espace-temps. La mesure traditionnelle du temps et notre perception habituelle en sont bouleversées.

―――――― **Les bonnes attitudes** ――――――

Le temps des sciences et celui de la conscience sont irréductibles l'un à l'autre. Les confondre, c'est vous mettre dans une position désagréable et erronée. Vous vous insurgez ainsi contre quelque chose qui ne dépend pas de vous (la durée d'un trajet de train, la guérison, etc.), et

―――――――――――

1. Marshall MacLuhan, *The medium is the message*.
2. Nouvelles technologies de l'information et des communications.

vous n'agissez pas là où vous le pourriez (différer vos engagements, suivre un régime pour votre santé, etc.). Aussi, employez-vous à bien distinguer ces deux versants du temps pour éviter d'inutiles conflits qui pourraient disperser vos forces.

Essayez de mettre par écrit vos problèmes, comme certains événements de votre histoire et de celle de votre famille, pour comprendre comment ils se sont noués et pour pouvoir « programmer » ceux qui vous tiennent à cœur. L'écriture peut aussi être pour vous le lieu de la mesure du temps.

Du temps, pour quoi faire ?

Telle est la question, en apparence naïve, que pose le Petit Prince à l'homme en combinaison bleue qui fabrique « la supertrottinette de l'avenir » pour gagner du temps. Au Petit Prince pensant que la rapidité de celle-ci a pour but de voir davantage de couchers de soleil, ce dernier rétorque : « *Mais non ! Je ne les regarde jamais. Tu vois bien que je n'ai pas le temps !* »

--------------------- Les bonnes questions ---------------------

À votre tour de vous poser cette question : que faites-vous de votre temps, des RTT (si vous en avez), du temps libéré des contraintes professionnelles ? Et comment vivez-vous le temps des vacances ? Comme une alternance avec le temps de travail ? Comme une parenthèse en dehors de tout repère temporel ? Comme un temps vide, à la manière d'une pièce « vacante » lorsque rien ne remplit son espace ?

Parvenez-vous à aménager des plages horaires pour partager du temps avec vos amis, votre conjoint ou votre enfant ? Ce partage du temps, en quoi consiste-t-il ? S'agit-il de se réserver un temps qui n'appartient plus au cours ordinaire des choses (aller au théâtre, se retrouver dans un lieu différent de ceux généralement fréquentés, etc.) ? Ou cherchez-vous à poursuivre l'intimité d'une temporalité propre à cette rencontre qui vous relie à votre ami, votre conjoint ou votre enfant ?

Mesurer le temps permet de vivre ensemble dans une société. Sa mesure objective permet d'établir des références communes qui facilitent communications et échanges. Ainsi, le temps est aussi un système de relations s'inscrivant dans l'histoire des sociétés humaines.

Les sociétés libérales actuelles sont dominées par une conception gestionnaire du temps qu'il faut à tout prix soumettre. Le temps demeure ce qui ne peut être produit ni marchandé, et tire là toute sa valeur économique. On touche la contradiction inhérente à notre perception libérale du temps, qui nous contraint sans cesse à « gagner du temps », à traquer tout ce qui ralentit les processus de production dans un culte effréné de la vitesse, ou encore à chasser les « temps morts ». Ces obsessions pèsent sur la vie des hommes, absorbés par les temps de l'industrie. Savent-ils seulement à quoi sert ce gain de temps ? Ont-ils même le temps d'y réfléchir ?

Le temps de la consommation

La mesure du temps, mise au service d'une société de consommation, permet d'optimiser la production de marchandises. Produire plus, c'est aussi savoir reproduire. Selon cette logique de rentabilité, le maître mot est le suivant : « Le temps, c'est de l'argent. »

Cette pensée s'incarne particulièrement chez Taylor, ingénieur de l'Organisation scientifique du travail (OST)[1], autrement nommée « travail à la chaîne ». Il décida de faire la chasse à la flânerie systématique le jour même où il passa, comme il le dit lui-même, « de l'autre côté de la barrière », c'est-à-dire de la condition d'ouvrier à celle d'agent de l'encadrement. Depuis lors, toutes les formes de

---

1. Contemporaine de la première révolution industrielle (fin du XIXe siècle) et mise en application par Ford au début du XXe siècle. Le symbole du succès de l'OST est l'automobile Ford T (1908-1927).

l'OST[1] ont poursuivi le même objectif : réduire les temps de fabrication (étude des temps et mouvements accomplis par chaque ouvrier, chronométrage, salaire au rendement, etc.), et intensifier le travail des salariés[2].

Les temps de l'industrie débordent peu à peu des lieux du travail et envahissent la vie sociale, laquelle devrait être pour l'homme (et pour sa famille) le moment d'une réappropriaton entière. Nombre d'artistes ont pris le temps comme matériau de leur travail, afin de contrer l'hégémonie du temps standardisé par les formats en usage dans la consommation de masse. Ils proposent ainsi une réflexion sur le temps réel et son usage détourné dans les arts numériques[3].

Finalement, ce qui se profile, c'est une société dans laquelle la proportion des personnes travaillant en période de congés et de repos pour assurer loisirs, soins et sécurité est à ce point importante que l'on peut dire que le travail ne cesse jamais, ni la nuit, ni en fin de semaine, ni les jours fériés. Le développement du temps libre se traduit par l'accroissement du travail effectué pendant les périodes normalement réservées aux loisirs, parce qu'il est de plus en plus un temps de consommation.

---

1. La politique du *reengineering*, par exemple, mise en place dans les années 1990, misait sur les performances opérationnelles en éliminant au maximum les « temps morts ».
2. Ainsi en est-il, par exemple, des filières des principales marques d'ordinateurs vendus en Suisse (Packard, Dell ou Apple) : horaires extensibles au-delà du supportable, salaires indignes, exposition aux produits toxiques menaçant la santé, etc. Les femmes chinoises célibataires âgées de 16 à 30 ans, migrant des campagnes, sont une main-d'œuvre idéale, car marginalisée et malléable à souhait, pour ces zones franches dénoncées par Amnesty International.
3. Par exemple, l'esthétique du calendrier propre aux œuvres de On Kawara et ses « *Date Painting* » dans les années 1970.

Un temps sous surveillance

Parler du temps de la consommation de masse, c'est constater que l'on consomme des produits identiques en des temps identiques. Le téléspectateur, isolé devant sa télévision, a l'illusion de bénéficier d'un loisir solitaire et d'avoir un comportement unique alors qu'il fait comme les centaines de milliers de téléspectateurs qui regardent le même programme en même temps que lui. Or, lorsque des millions de téléspectateurs regardent simultanément le même programme, leurs consciences intériorisent les mêmes marchandises ; et si tous les jours elles répètent, très régulièrement, le même comportement de consommation audiovisuelle parce que tout les y pousse, ces consciences finissent par devenir celle de la même personne, c'est-à-dire celle de *personne* : l'hyper-synchronisation conduit à la perte d'individualité.

Le fait que chacun vit son temps selon sa personnalité et ses projets (professionnel, amoureux, etc.) est donc l'obstacle majeur à la synchronisation du temps industriel ou de la consommation de masse. Pour le vaincre, la solution la plus adéquate consiste à construire les aménagements nécessaires à la vie ouvrière au sein de l'usine elle-même : plus de problèmes d'horaires de transports, d'ouverture des magasins ou des centres de loisirs, puisque tout est sur place et subordonné aux horaires de travail[1]. Si le taux de production actuel de l'économie chinoise est stupéfiant, il est en partie dû à la mainmise et à la priorité de ce temps industriel synchrone sur la totalité de la vie des ouvriers. Ces derniers n'ont,

---

1. Dans l'Aisne, le familistère de Guise, classé monument historique, témoigne de cette volonté de construire un monde clos pour les ouvriers. L'industriel à l'entreprise florissante, J.-B. André Godin, est à la tête de ce bâtiment, construit en 1880 (et qui perdurera jusqu'en 1968). Godin reste une exception quant à son idéal, inspiré par les idées sociales de Fourier, de loger côte à côte le manœuvre, le directeur et l'employé. Ces constructions sont d'abord un excellent moyen de contrôle et de surveillance sociale.

de toute façon, pas le temps d'aller ailleurs que dans l'aire de leur usine, qui assure le minimum de ce qu'ils peuvent s'offrir.

Or, le temps vécu par chacun n'a pas à s'aligner sur un temps imposé et normé par les valeurs d'une société donnée. Les cycles de vie, avec notamment le temps de la procréation, sont ainsi soumis à des normes qui peuvent peser sur la personnalité de l'individu. Les temps biologiques, sociaux et personnels sont rarement convergents et encore moins simultanés. Ils sont soumis à des exigences et à des contraintes qui touchent plus spécifiquement les femmes, directement concernées par la transmission des modèles familiaux. Comment, dans une tentative de synchronisation du temps, peut-on trouver la juste distance entre « un temps pour tout » et « tout en un unique temps » ?

Chacun ses temps

Comment articuler les temps vécus par chacun avec les exigences d'une vie sociale, notamment pour pouvoir sortir entre amis, faire du sport quand les salles sont encore ouvertes ou aller au restaurant ?

Les articulations possibles des divers temps individuels déterminent la qualité de vie de chacun. En effet, intégrer des contraintes horaires multiples (crèche, travail, magasins, etc.) permet de libérer du temps pour s'occuper d'autre chose. On constate que les formes d'aménagement du temps se différencient, en général, selon les catégories sociales et les sexes : aux femmes le temps partiel, aux ouvriers et employés la réduction de la semaine de travail et la retraite anticipée, aux cadres et professions libérales les semaines chargées, avec toutefois une plus grande marge de liberté dans la gestion du temps et une entrée plus tardive dans la vie active.

Quant à l'adolescence, elle se caractérise comme une période de profonds changements et d'ouvertures. Les angoisses et les incertitudes qui l'accompagnent ne sont-elle pas désormais accentuées par cette précarisation et cette fragmentation des repères temporels ?

Les questions de l'autonomie et d'un rapport actif au temps se posent alors avec acuité : comment construire ses propres espaces de temps en composant avec les bribes d'un ordre social qui semble de plus en plus indéchiffrable ? Les rituels associés à un âge défini sont absents, et les « cycles de vie » s'effilochent. Le temps contraint du travail devient un des seuls moyens de montrer les signes de sa construction sociale – alors même que le rythme industriel a souvent été considéré comme une aliénation de la personne –, mais y accéder n'est qu'une perspective lointaine pour nombre d'adolescents en difficultés d'insertion[1]. Passer du temps flou et géré au coup par coup à un temps structuré (et structuré ni par des institutions ni par l'école, mais par soi-même) demeure un défi.

─────────── **Les bonnes attitudes** ───────────

La diversité des représentations culturelles du temps doit vous aider à relativiser : ne valorisez pas outre mesure un modèle linéaire, propre à la gestion du temps. Ce modèle induit une continuité ininterrompue entre les étapes de la vie, de l'insertion sociale à la vie affective, jusqu'à celle professionnelle.

Construire vos propres temps vécus suppose, au contraire, une capacité à vous orienter vous-même, c'est-à-dire à donner un sens à la vie quotidienne et aux événements qui la jalonnent. Mais le passage à un temps que vous ferez vôtre n'a rien d'évident. Vous devez donc être patient.

Toute vie implique des réorganisations temporelles plus ou moins délicates (naissance d'un enfant, divorce, etc.) auxquelles vous devez vous ajuster sans jamais vous y aliéner.

─────────────

1. L'article de Sylvain Aquatias, « Un temps d'arrêt, un arrêt du temps. Temporalités des jeunes des cités de banlieue en échec social » (*Temporalistes* n° 40, décembre 1999), permet de réfléchir sur le décalage de temporalités entre les institutions d'insertion pressées par l'urgence et la perception du temps social de ces jeunes qui ont tendance à voir dans les délais une forme de persécution.

Ne pas subir la pression du temps, sous ses formes plurielles, impose de ne pas être manipulé ni de vouloir tout contrôler. Répartissez les tâches et interrogez-vous sur les buts que l'on vous propose. Ce n'est pas du temps perdu.

La société du jetable à l'ère du recyclage

La consommation de masse confronte à une nouvelle façon de penser le temps à cause de la quantité endémique de déchets produits. Recycler devient l'impératif auquel il faut souscrire. Mais la conception cyclique[1] du temps est remise en question puisque le circuit naturel « produire-consommer-récupérer » est altéré face à ce qui n'est pas biodégradable. Aussi, comment vivre le temps du recyclage quand tout se remplace et se perfectionne ?

———————— **Les bonnes questions** ————————

Avez-vous tendance à jeter facilement les choses, à les remplacer ou plutôt à les accumuler ?

Vous posez-vous la question de savoir ce que deviennent vos déchets (ménagers ou industriels) ? Avant de jeter un objet, pensez-vous à son possible détournement ? Savez-vous qu'un sac de caisse est fabriqué en 1 seconde, a une durée moyenne d'utilisation de 20 minutes, et met 400 ans à se décomposer dans la nature ?

Ce qui ne sert plus à rien est-il pour vous un déchet ?

L'urbanisation galopante s'accompagne de l'idée que tout reste est un déchet. La déchéance de l'objet, dans les villes, n'est pas progressive mais brutale. Il s'épuise dès son premier usage puis est

———————————

1. Le temps cyclique ou circulaire, opposé au temps linéaire, est une représentation du temps où le passé se répète et où chaque chose, une fois advenue, retourne à ce qu'elle était.

confié au temps, censé assurer la décomposition spontanée de ses composants. Le déchet doit disparaître de la vue. Seulement, même mort et enterré, le déchet continue d'être actif.

L'emballage plastique est le symbole de cette consommation éphémère mais qui génère, paradoxalement, des déchets à vie longue. Le plastique est le prototype du déchet à vie dure et résistant au biodégradable. Un camion rempli de sacs plastiques transporte beaucoup de vide : il consomme donc de grandes quantités de carburant pour parcourir des kilomètres vers une usine de recyclage avec un chargement quasi nul. De plus, ce recyclage nécessite une grande quantité d'énergie et d'eau car il faut laver les sacs, souvent souillés. Le recyclage du déchet est donc une difficulté non surmontée[1].

On assiste ainsi à un double processus qui introduit une rupture dans notre façon de penser le temps : à la fois un raccourcissement de la durée des objets (la « jetabilité » est même promue au rang d'argument de vente), et une longévité posthume accrue dont les effets désastreux sont devenus banalement prédominants dans les questions écologiques (épuisement des terres et des énergies, pollution des eaux, etc.).

Le déchet ultime est celui qui est porteur d'une charge de mort terrifiante : c'est le déchet nucléaire qui condense des images d'anéantissement. Produit de l'avancée technologique, il devrait être idéalement résorbable par la technologie elle-même alors qu'il échappe à notre contrôle.

Le déchet signale le rapport à un temps non maîtrisable : « *Le temps de nos déchets est aussi original que le temps de notre modernité* », remarque

---

1. Il faudrait commercialiser le Néosac, invention française du sac plastique à durée de vie maîtrisée, car sa composition associe le polyéthylène (PE) à un additif qui permet de transformer le PE en matière dégradable, puis bio-assimilable.

Jean Chesneaux[1], qui indique ainsi combien les difficultés liées à la gestion des déchets confrontent à un nouveau cycle temporel. En effet, dégradation par le temps et recyclage s'opposent. Le recyclage donne l'illusion d'une durée illimitée des choses, toujours réexploitables. L'être humain, également sommé de se « recycler », voit se modifier sa manière de vivre le temps et les étapes de sa vie. Recycler pour être utile à qui ? À l'accroissement économique de son pays, ou plutôt par peur d'être au chômage ? À d'autres vies, si l'on pense au don d'organes, ou simplement pour apprécier autant la vie par l'entretien de nos capacités mentales qui peuvent encore nous servir ?

L'idée contemporaine de recyclage, avec ses accents à la fois écologiques, économiques ou généreux, brouille les pistes sur la durée des choses et sur celle de nos engagements. Si nous commençons à nous préoccuper de ce que deviennent les déchets dans les sociétés de consommation (usines de traitement aux normes HQE[2], mais aussi traitement des déchets dans d'autres pays), c'est peut-être aussi en raison d'une pression de la performance qui génère la peur d'être traité, à notre tour, comme un rebut, un poids pour la société, bref, comme un déchet. Notre propre décrépitude organique dérange et effraie. Nous avons peur d'être considérés, un jour ou l'autre, comme des déchets à cause de la seule faute que nous ayons commise : celle d'avoir vieilli[3].

---

1. Jean Chesnaux, « Temps et déchets », Centre Georges-Pompidou, 1984.
2. Haute qualité environnementale.
3. La romancière anglaise Deborah Moggach s'attaque à la politique sanitaire de son pays dans son dernier livre *Ces petites choses* (Fallois, 2007). Elle s'insurge contre le traitement réservé aux personnes âgées, maltraités par leur famille, oubliés dans les couloirs des hôpitaux ou abandonnés dans de sinistres mouroirs. Elle met en scène, par le rire, un médecin qui, pour se débarrasser de son insupportable beau-père, va créer une chaîne de maisons de retraite en Inde. Initiative qui permet de recruter du personnel à bas coût et de délocaliser ceux que la société considère comme trop coûteux.

La hantise du temps

Qui ne se souvient de ces vers chantants, « *Mignonne, allons voir si la rose/Qui ce matin avait déclose*[1] », qui invitent à cueillir le jour et à savourer les plaisirs de la vie car, déjà, l'heure a sonné ? Roses à peine écloses qui se fanent dès la fin du jour, beauté et jeunesse qui fuient les jeunes amants dont l'amour se voit soudain menacé par les spectres de la décrépitude humaine. Ronsard connaît la souffrance des jours vite envolés, lui qui, encore jeune, se met à vieillir si prématurément qu'à trente ans, il se plaint déjà de sa tête blanche et de ses joues blafardes. Va-t-il suivre un régime pour son corps ou exalter le génie de son esprit par la verve de ses vers ?

Le cruel constat de notre vieillissement est de plus en plus difficile à accepter à mesure que le temps passe. Le temps présent devient la seule richesse de l'homme conscient de l'imminence du néant. Réussite sociale ou richesses ne sont que des trésors illusoires, seule compte la saveur du moment. Seulement voilà, sommes-nous en mesure d'apprécier le moment présent ? Le présent se fait souvent sentir comme trop pauvre de l'avenir qu'il n'est pas encore, mais dont il est la carence, et du passé qu'il retient engourdi sans parvenir à le faire renaître. Quant à l'avenir, il vient hanter le présent de ses promesses et travaille à le destituer en le rendant toujours un peu décevant.

Si nous ne pouvons prévoir nos réactions face à notre propre vieillissement au moment même où il commence à nous affecter, nous pouvons nous y préparer en essayant de changer d'échelle de valeurs.

© Groupe Eyrolles

---

1. Pierre de Ronsard, *Odes*, livre I.

Pourquoi accordez-vous plus facilement du temps au soin de votre corps et si peu, par comparaison, à celui de votre esprit, qui pourtant vieillit lui aussi ? Analysez qui, du corps ou de l'esprit, est privilégié dans votre emploi du temps.

Qu'est-ce que vous craignez le plus avec le temps qui passe ? Vous sentez-vous catégorisé parmi les « seniors » ? Que vous inspirent les multiples discours que vous entendez sur la vieillesse (soins de l'apparence esthétique, surveillance médicale, encouragements psychologiques, etc.) ?

Carpe diem

Que signifie donc au juste « cueillir le jour » (*carpe diem*) ? Est-ce une manière de fuir ses problèmes en s'adonnant à la volupté des plaisirs, certes présents, mais si ponctuels ? Est-ce sélectionner ce que chaque jour peut apporter de bénéfique ? Mais quel sera ce critère de sélection ? Et s'il en faut un, cela implique qu'il y ait des conditions préalables à l'acquiescement accordé au présent : ce n'est plus le présent tel quel qui sera accepté, mais une certaine qualité seulement, susceptible de lui conférer sa présence. Cet essaim de questions que l'on pourrait certainement multiplier montre l'étroite solidarité entre la manière de percevoir le temps et la manière dont nous nous projetons dans le temps. En effet, la hantise du temps pèse sur chacun de nous : nous désirons tous nécessairement *dans* le temps, nous l'éprouvons alors comme attente, délai ou promesse, et nous désirons ainsi *avoir* du temps, puisque ce que nous sommes est encore à venir[1].

La misère de l'être humain ne naît pas tant de la conscience de sa mort que de sa dégradation corporelle. C'est la caducité de son

─────────────

1. Sur ce thème, voir la partie I p. 36.

corps qui le fait souffrir, ce corps qui deviendra cadavre et qui est infesté d'ores et déjà de mort. Contre le dur spectacle qu'offre un corps décrépi, la mort apparaît alors non pas comme une condamnation, mais comme un secours ou une délivrance.

L'angoisse relative au temps qui passe tient à l'idée d'échéance et, conjointement, à l'idée que ne pas respecter l'échéance est un échec qui remet en cause notre personne : nous avons échoué, nous sommes échec et mat, en même temps que nous échouons à persévérer à être. L'échéance ultime, c'est la mort. Seulement, *notre* mort, nous ignorons quand elle adviendra, et c'est pourquoi, entre-temps, nous pouvons l'oublier.

La cause de notre angoisse a donc un antidote : l'ignorance du moment de notre mort. La mort est inscrite, quoi que nous fassions, dans le cours de la vie humaine. Mais si l'homme prévoyait quand et comment il mourrait, il n'aurait plus la force de vivre, terrifié de pouvoir regarder sa propre mort en face. « *J'ai délivré les mortels de la prévision du trépas* », proclame Prométhée, parce qu'il a « *installé en eux à demeure les aveugles espoirs*[1] ». C'est là l'ambiguïté de l'attente, impliquant toujours quelque crédulité et oscillant entre les rêves du présomptueux et les terreurs du timoré[2]. Reste à savoir vivre entre-temps.

---

1. Cité par Jean-Pierre Vernant, voir ci-après.
2. Jean-Pierre Vernant interprète ainsi l'advenue de Pandore, censée accabler les mortels de tous les maux, surtout celui de l'attente (*elpis*) anxieuse de leur mort. Or, ce terme, selon les analyses de l'auteur, est de l'ordre de la conjecture : elle est l'attente du bien ou du mal et n'est jamais assurée. Elle est donc le contraire de la prévision et « *établie dans le for intérieur des mortels, elpis peut équilibrer en eux la conscience de la mortalité par l'ignorance du moment et de la façon dont le trépas viendra les prendre* ». (Marcel Detienne, Jean-Pierre Vernant, *La cuisine du sacrifice en pays grec*, Gallimard, 1979.)

Trouver un point d'ancrage

Nous vivons une existence ponctuelle dans le temps et dans l'espace. Or, nous voyons rarement notre existence pour ce qu'elle est, à savoir un point dans le système général du monde qui en prend la mesure. Notre existence n'est pas la mesure de toute chose, le penser serait glisser vers l'anthropomorphisme. C'est pourquoi il est important de savoir se « ponctualiser » : se saisir là où l'on est *actuellement*, sans regret ni lamentation, sans frustration ni manque, sans tristesse ni désespoir, dans le but de pouvoir prendre la mesure du moment présent. L'étude de certaines disciplines, telles que la géologie ou la paléontologie par exemple, participe à cette juste mesure : elles relativisent notre échelle temporelle d'existence.

Toutefois, se ponctualiser n'est pas s'immobiliser, et cela n'abolit pas l'idée de projet, propre à dynamiser l'individu dans son entier. Pourquoi ? Parce que tout projet implique un effort constant de repérage, qui consiste à mesurer où l'on en est par rapport à ce que l'on était, par rapport aux progrès déjà faits et par rapport au point où l'on doit arriver. Autrement dit, nous vivons notre rapport au temps à travers ces différentes dimensions, mais à partir d'un point d'ancrage.

C'est grâce à ce point que la panique du temps qui passe s'amoindrit et que nos attentes se font moins sentir dans l'urgence pour mieux s'envisager selon leur ordre de priorité. Tout au long de cet effort de repérage, les événements de la vie quotidienne continuent d'affluer, les plaisirs comme les peines, les déceptions comme les imprévus, mettant en jeu notre capacité de faire telle ou telle chose et jusqu'au bout, de tenir notre engagement vis-à-vis de nous-même.

La vie, comme nous l'avons vu, est aussi cette espèce de jeu ouvert de l'épreuve où il s'agit de se repérer soi-même, c'est-à-dire de mesurer la progression parcourue. Cette mesure se fait par référence au temps : il faut par exemple s'efforcer à ne pas se mettre en colère pendant un jour, puis une semaine, etc. Cela s'apprend et requiert ce temps de l'apprentissage qui varie d'un individu à un autre. Il s'agit de localiser ses efforts tout en élaborant une attitude générale en face du réel et de ses épreuves – bref, de se préparer pour se parfaire. On peut, par exemple, se préparer en convoquant les pensées qui aident à combattre la colère, en cherchant à se mettre à la place de celui ou de celle qui l'a provoquée, et on s'exerce en réalité en les appliquant au moment voulu.

Soigner son âme et son corps : un art de vivre

Les exercices de l'âme et du corps sont conjoints : ils visent, d'une part, à supporter les événements extérieurs de la vie sans s'effondrer, sans se laisser emporter par eux, et, d'autre part, à renforcer notre courage et à maîtriser nos mouvements intérieurs. Comment devenir juste ? La reflexion nous permet de comprendre qu'il faut choisir l'égalité. Cette compréhension doit être suivie d'effets : il s'agira, par exemple, de fuir la cupidité et les faveurs qui sont propices à l'injustice. Ainsi, certains exercices physiques se voient conférer un sens nouveau : les sports de lutte, par exemple, doivent servir de modèle pour lutter contre tous les malheurs possibles, car en apprenant à combattre ses adversaires, on ne les craint plus.

Souvenons-nous de la préparation athlétique des Grecs au concours d'Olympie, qui impliquait beaucoup de rigueur et de renoncement[1] ; ce que l'on visait alors, c'était un corps d'endurance, un corps de patience. Ces pratiques ascétiques d'abstinence se retrouvent aussi dans le monachisme chrétien, en particulier aux XVe et XVIe siècles, lors de la Contre-Réforme : des manuels entiers prescrivaient des exercices à faire selon une suite précise, dans le temps

---

1. « *Pour y être vainqueur, lui qui possédait en son âme et la technique et la force avec la tempérance, ne toucha jamais {…} ni à une femme ni à un jeune garçon tant qu'il fut dans le feu de son entraînement.* » (Platon, *Les Lois*, Flammarion, 2006, 840a.)

de la journée, de la semaine, du mois, etc. L'existence était comme doublée de ces exercices qui la remplissaient d'heure en heure et de jour en jour. Nulle place n'était laissée à l'improvisation, parce que la « règle de vie » était essentielle. La vie chrétienne devait être une vie régulière.

On ne trouve rien de tel dans l'ascétisme des philosophes stoïciens, dont le but n'était pas d'être, au sens communément retenu, « stoïque », à savoir indifférent aux aléas de sa vie, mais d'accepter sa condition et de vivre bien dans le présent.

La grande différence entre les stoïciens et l'ascétisme chrétien tient d'abord au fait que les textes stoïciens s'adressent aux corps des vieillards. Il ne s'agit pas de régler sa vie sur l'abstinence selon des interdictions précises, comme c'est le cas dans l'ascétisme chrétien, mais plutôt de viser un « art de vivre ». Cet art de vivre en appelle à la liberté de l'individu qui fait lui-même jouer la règle en fonction de ses objectifs. Ainsi, ce « vieux » corps qui témoigne à sa façon de ce que nous avons vécu ne doit pas être malmené. Sénèque, précepteur de Néron et illustre continuateur des réflexions stoïciennes, s'amuse justement de ceux qui passent leur temps à exercer leurs bras, à former leurs muscles ou à grossir leur cou en fatiguant leur corps outre-mesure. La gymnastique du corps doit être un style. Autrement dit, il s'agit d'intégrer des exercices d'abstinence de façon récurrente ou régulière, mais pas tout le temps, afin de ne pas épuiser le corps et de ne pas se focaliser sur lui. Dans ses *Lettres à Lucilius*[1], Sénèque préconise plutôt des exercices légers, conseillant de n'accorder au corps que le temps qui lui est nécessaire pour bien se porter. C'est pourquoi il convient de revenir, et cela de temps en temps, à quelque exercice contraignant (diète, silence, etc.) afin d'être prêt, autant que possible, face aux événements qui constituent la vie.

----

1. Sénèque, *Lettres à Lucilius*, Mille et une nuits, 2002.

Une question d'âge

──────────────── **Les bonnes questions** ────────────────

Comment vivez-vous votre âge ? Est-ce que vous avez tendance à vous comparer aux personnes du même âge ou à celles qui sont plus jeunes ? N'êtes-vous pas tenté par la chirurgie esthétique ? Est-ce pour plaire, pour vous sentir plus en harmonie avec ce que vous êtes et que dément votre apparence physique ?

Certains âges (30 ans, 40 ans) ont-ils eu un caractère détonateur dans votre vie ? Si tel est le cas, demandez-vous si c'est en raison de ce que symbolise pour vous tel ou tel âge (étape à franchir) ; vous vous seriez alors placé en position de surplomb de votre propre vie, comme si le temps s'était contracté sur cette date précise, et qu'il ne fallait pas manquer ce tournant. Avez-vous engagé des choses, pris des résolutions qui vous rassurent quant à l'âge que vous avez ?

Mais en même temps, cet âge, l'avez-vous vraiment ? On vous le donne ? Ou est-ce que vous en ressentez un autre ? Trois manières de se rapporter à un même âge.

Passer du temps à s'occuper de son corps et à se complaire dans les prouesses qu'il peut accomplir traduit une volonté de plaire aux autres qui occupe tout notre esprit, à tel point que l'on oublie d'avoir un vrai souci de soi[1]. Si nous sommes préoccupés par l'apparence de notre corps, c'est parce qu'il est visible aux yeux de tous alors même qu'il nous échappe sous maints points de vue : nous ne pouvons pas nous voir de dos, jamais entièrement, et toujours par le truchement d'un miroir. Nous ne contrôlons donc notre image qu'avec le soin que nous pouvons apporter à notre corps et qui nous fait exister dans le regard de l'autre. Un visage est précisément destiné à être vu : « visage » dérive de *visus,* qui signifie « être

──────────────

1. C'est l'objet de la partie I.

vu ». Celui qui n'est plus regardé disparaît de la scène sociale et de sa cruelle reconnaissance. Bien inutile, dans ces conditions, de fustiger la tentation désespérée de rester jeune et beau, de se presser dans les clubs de sport ou les salons de beauté pour entretenir l'esthétique de son corps, et retarder au maximum les signes de son inéluctable vieillissement.

Que dire de la chirurgie esthétique ? Il ne s'agit pas de tenir un discours transi de moralisme, mais d'envisager cette question au lieu de la différer dans un commode « plus tard ». L'actrice italienne Anna Magnani, magnifiée par le cinéma réaliste italien de l'après-guerre, y répondit en évoquant ses rides : « *J'ai mis tant de temps pour les avoir !* » Les rides sont le parcours de notre histoire, elles tressent notre peau en profondeur[1].

Il faut bien sûr distinguer les chirurgies esthétiques choisies pour rester aussi jeune que possible, de celles auxquelles ont recours les personnes défigurées par un accident ou une maladie, et dont l'enjeu est d'être à nouveau regardées. C'est le devoir éthique du travail chirurgical d'amoindrir les souffrances psychiques et, comme le disent crûment certains, de « rendre laides des personnes monstrueuses ». Dans les deux cas, la même question se pose : ne pourrions-nous accepter de nous voir autre que ce que nous avons été, plutôt que de chercher une réponse standardisée et violente avec l'intervention chirurgicale et que conditionnent nos sociétés aseptisées ?

S'occuper de son corps selon un véritable art de vivre ne consiste pas à lui apporter des soins permanents pour plaire aux autres. Cela reviendrait à n'accepter de soi que l'image impérativement jeune (la beauté étant associée à la jeunesse) que les autres doivent nous renvoyer.

---

1. « *Ce qu'il y a de plus profond en l'homme, c'est la peau.* » (Paul Valéry, *L'idée fixe ou deux hommes à la mer*, Gallimard, 1933.)

L'art de vivre suppose de savoir envisager nos perspectives temporelles sans angoisse, sans chercher à courir après le temps et ses précieuses occasions « à ne pas manquer ». Ainsi, une des raisons pour lesquelles nous pouvons nous sentir de plus en plus en décalage avec notre âge tient à la manière plus libérée – des contraintes sociales, du regard des autres, etc. – et plus personnelle que nous avons de le vivre. Dans une société où l'individu n'est plus uniquement défini par son rôle social, cadré par des institutions et des rituels, il est libre de pouvoir multiplier les facettes de son identité (professionnelle, amicale, amoureuse, etc.). Non seulement il peut les multiplier d'un âge à un autre selon son développement personnel, mais il les diversifie aussi d'un moment à un autre, parce que son identité est mobile et non réductible à des rôles ou des fonctions à assumer en continu (être parent, exercer une profession, etc.).

L'art de vivre consiste en partie dans cette alliance enfin résolue du conflit des âges. L'âge que l'on se donne est subjectif et dépend de notre système de valeurs (qu'est-ce qui est important dans notre vie ?), de nos attentes (projet de carrière, rencontrer quelqu'un après un divorce, avoir un enfant, etc.) et de nos positions (appréhension du vieillissement de nos parents, poids des responsabilités). L'âge que l'on nous donne répond, quant à lui, à la norme sociale[1]. Si ce dernier nous est attribué selon des critères plus ou moins objectifs (rides, démarche, etc.), il ne coïncide pas toujours avec l'âge auquel on s'identifie pourtant. Il n'y a pas de recette pour harmoniser ces âges situés entre du ressenti et de l'objectif, puisque c'est à chacun d'apprendre à se poser soi-même.

---

1. L'étude Dove, publiée à l'occasion de la promotion de sa nouvelle gamme de produits pro-age, est particulièrement éloquente sur ce point : 87 % des femmes de 50 à 64 ans estiment qu'elles sont trop jeunes pour se sentir vieilles.

Être prêt

Être prêt, se ponctualiser et se tenir à un art de vivre, c'est donc devenir actif dès à présent, sans plus tarder. C'est faire du temps son allié et non plus sa hantise. L'art de vivre est aussi une *eu* (bien)-*chronie* (temps), à savoir un art du « bon temps ».

L'âge adulte est le temps privilégié pour se soucier de soi. Il s'agit, non plus de se préparer à une vie professionnelle, mais de se former à supporter les éventuels malheurs, les disgrâces, et tout ce qui peut affaiblir notre être lorsque l'on se trouve dans ce passage vers l'âge de la vieillesse. Cet âge, quel que soit le nombre d'années qu'il recoupe, symbolise le centre de gravité du souci de soi. Certes, il est bon de commencer jeune : il sera plus facile de se corriger et de prendre de bonnes habitudes. Mais en même temps, rien n'est assuré pour l'avenir, parce que rien n'est acquis définitivement. En ce sens, l'âge tendre de la jeunesse ne garantit pas, sous prétexte de sa souplesse, un temps gagné sur l'avenir.

De même, la vieillesse n'assure pas de devenir ce que l'on *aurait* dû être et que l'on n'a jamais été, dans cet irréel du temps où la fiction se substitue à la réalité. Tout cela n'est que projection. Comme le remarque encore Sénèque, « *tous, nous avons notre ennemi dans la place*[1] » : nous sommes toujours précédés par quelque chose qui occupe notre temps quand nous commençons à vouloir nous soucier de nous-mêmes. C'est pourquoi nous sommes rarement mûrs sur tous les plans de notre existence : le temps de notre apprentissage forme des séries diverses, souvent discontinues. Telle compréhension partielle s'accompagne parfois de régressions dans d'autres domaines. Ainsi peut-on interpréter l'adultère commis par certaines femmes, ayant eu une mère très comblante, comme une régression vers cet attachement maternel : d'un côté, la personne semble accomplie au sein de son couple et dit aimer

---

1. *Op. cit.*, Lettre 50, 7.

son mari, mais de l'autre, l'adultère manifeste son errance amoureuse parce qu'elle cherche en vain la satisfaction qu'elle n'a pas eue avec sa mère. Construction de soi et régression sont donc compatibles puisqu'elles interviennent dans des registres distincts[1].

On apprend à agencer soi-même son temps en y imprimant son style d'action. Autrement dit, si chacun de nous est plus ou moins soumis aux normes sociales ambiantes, nous sommes aussi « l'effet de nous-mêmes », parce que nous ne nous contentons pas d'exécuter minutieusement ce qui est prescrit, « nous nous en arrangeons ». Ainsi nous pouvons apprécier la marge de liberté que nous intégrons aux règles[2].

Chacun intervient dans le cours social, structuré par un temps uniforme, afin de le moduler et de continuer à projeter ses actions et ses désirs. C'est là introduire son style d'action. Ce style peut paraître très trivial ou simplement banal pour celui qui le constate de l'extérieur. Seulement, cette ébauche de style, aussi discrète soit-elle (promener son chien longuement le soir, se libérer après le travail pour être avec ses amis, lire le journal dans un jardin public, etc.) assure une marge de liberté et d'invention qui permet à chacun de mieux respirer dans son quotidien. L'action individuelle a une valeur « propulsive », parce qu'elle insère ses valeurs dans l'ensemble de celles des autres tout en déployant son propre temps non calqué sur le modèle ambiant. Ces variations au sein d'une uniformité sociale sont importantes pour la qualité de vie, puisqu'elles montrent qu'une multiplicité de pratiques est possible. C'est en ce sens que le temps, en quelque sorte, nous appartient.

---

1. Voir à ce sujet l'analyse du pédiatre Aldo Naouri, dans *Adultères* (Odile Jacob, 2006), qui rappelle qu'une mère qui fait en sorte que son enfant ne manque de rien (*incestus*, en latin) le rendra malheureux par la suite puisqu'il aura peur de la trahir et de la perdre.
2. Voir l'analyse sur la norme, p. 100.

──────── Les bonnes attitudes ────────

« *Veux-tu ne plus être irascible ? Ne donne pas d'aliment à ton habitude ; ne lui jette rien en pâture qui puisse la faire croître. Apaise la première manifestation et compte les jours où tu ne te seras pas mis en colère : "j'avais l'habitude de me mettre en colère tous les jours ; maintenant, c'est tous les deux jours, puis tous les trois, puis tous les quatre"* », nous dit Épictète[1]. Vous pouvez décliner cet exercice selon les passions qui vous embarrassent (jalousie, avarice, paresse, etc.). La pratique de soi dans le temps, qui fait du temps non plus un obstacle mais un adjuvant, est d'autant plus bénéfique et aisée que vous la mettez en œuvre tôt. Vous vous éduquerez ainsi vous-même à tous les moments de votre vie, et le temps qui passe sera alors l'occasion de pouvoir le faire.

L'écoute est précieuse ici : quand vous entendez ou lisez quelque chose qui fait sens, veillez à ne pas le convertir aussitôt en discours, en paroles, voire en bavardages. Prenez plutôt le temps de le retenir vraiment au lieu de le déverser n'importe comment. Et dans cette concentration que provoque le silence, le temps n'existe, presque, plus.

Le rythme de la création

« *Notre grand et glorieux chef-d'œuvre, c'est vivre à propos {...}. La conscience d'avoir bien dispensé les autres heures est un juste et savoureux condiment des tables* », remarque Montaigne[2]. Comment faire pour retrouver dans chaque moment de notre existence cet « à propos » qui fait de chacun de nous le créateur de sa propre existence ? En effet, la difficulté n'est pas de vivre certains instants jugés importants (mariage, signature de contrat, achat d'une maison, etc.), mais de « vivre à propos » les interstices entre ces instants et la banalité du quotidien. L'acte créateur est dans ces interstices. Le

1. Épictète, *Les entretiens*, op. cit.
2. *Op. cit.*

véritable défi consiste à rester vigilant pour que chaque passage continue et perpétue cette création.

<hr>
Les bonnes questions
<hr>

Quand vous regardez quelqu'un de plus jeune que vous, que ressentez-vous ? Trouvez-vous qu'il a de la chance d'avoir l'avenir devant lui ? Aimeriez-vous être à sa place ou êtes-vous plutôt content d'être arrivé là où vous en êtes dans votre parcours ?

Inversement, quand il s'agit d'une personne plus âgée, pensez-vous à ce qu'elle a accompli ? Vous demandez-vous si elle a des regrets ou si elle est prête à recommencer sa vie de la même façon ? Vous sentez-vous dans une urgence d'accomplir, à votre tour, quelque chose ? Avez-vous peur d'être oublié et de disparaître sans avoir laissé de traces ?

Créer, est-ce un moyen de surmonter cette peur ? « Créer » : est-ce un mot que vous utilisez avec précaution, ou est-ce que vous le déclinez facilement ? Produire, selon vous, est-ce la même chose que créer ?

Création et créativité

L'être humain se façonne, de son enfance à sa maturité, jusqu'à apprendre à « vivre à propos ». L'expression indique l'importance de nous ajuster à une situation donnée, afin de savoir apprécier les occasions qui s'offrent à nous, sans tomber dans la déception. Certes, au cours de notre apprentissage, nous faisons l'expérience de la déception, proportionnelle à l'attente qui nous mobilisait. Ainsi, on peut se demander, comme le fait Vladimir Jankélévitch[1], si Ulysse n'est pas déçu lorsqu'il retrouve enfin Pénélope et son pays natal, Ithaque : il revient à son point de départ, seulement, entre-temps, tout le monde a vieilli et a continué de vivre sans lui.

<hr>

1. Vladimir Jankélévitch, *L'irréversible et la nostalgie*, Flammarion, 1983.

C'est que les temporalités de chacun ne se recouvrent pas toujours : est-ce le temps qui a transformé les gens d'Ithaque, ou les épreuves et les voyages qui ont transformé Ulysse, de telle sorte que chacun a du mal à comprendre l'autre ? Vivre « à propos », tel sera le défi d'Ulysse à son retour, et tel aussi son chef-d'œuvre.

La comparaison artistique, utilisée pour qualifier un art de vie en termes de chef-d'œuvre, met l'accent sur la dimension créatrice de soi propre à toute existence humaine. Mais cette création est fragile car elle n'est jamais tout à fait assurée de coïncider avec cet « à propos », qui donne un sens aux différents moments de l'existence. Il s'agit de parvenir à vivre à propos, quelle que soit la situation à laquelle on se trouve confronté, c'est-à-dire de s'ajuster à celle-ci tout en l'intégrant dans un art de vivre le temps (l'euchronie). Vivre à propos ne se réduit pas à une juxtaposition d'instants : pour qu'il y ait « art de vivre », il faut savoir unifier ces instants. De même que l'artiste crée une œuvre à partir d'éléments éclatés grâce à sa vision, celui qui vit à propos donne une durée aux instants de la vie et les investit d'une création continue et jamais ponctuelle.

Patience de l'œuvre

Apprendre à faire l'épreuve de la durée

L'injonction actuelle, prônée par les publicités, les magazines, le *coaching*, selon laquelle il faudrait exprimer sa créativité est trompeuse : elle tend à confondre la création et la capacité à créer. Or, le propre de la création est qu'elle ne se contente pas de velléités : impossible de se proclamer créatif sans avoir rien créé. D'ailleurs, l'idée de créativité sans création serait une contradiction, car s'il suffisait d'être créatif, nous le serions tous, sans même produire quoi que ce soit. Souvent, nous avons des idées qui nous paraissent intéressantes, mais nous n'allons pas jusqu'au bout, car nous sommes impatients. Et comme le note Hegel : « *L'impatience prétend à l'impossible, c'est-à-dire à l'obtention du but sans les moyens.*

D'un côté, il faut supporter la longueur du chemin, où chaque moment est nécessaire ; de l'autre, il faut s'arrêter à chaque moment et séjourner en lui[1]. »

Réaliser ou produire quelque chose requiert de procéder par étapes en analysant les moyens qui aideront à la réalisation du projet, ce qui implique d'accepter la durée que prend chacune de ces étapes. Mais l'épreuve de la durée se transforme en angoisse lorsque l'on oublie ses propres possibilités en se mettant à rêver à tous les autres possibles. Entre l'idéal inaccessible (devenir virtuose par exemple) et la réalité (étudier le piano), l'individu ne voit aucun intermédiaire satisfaisant. Tout se délite alors dans une attente qui se prolonge. Se résoudre à agir, c'est donc aussi se résoudre à faire l'épreuve de la durée et accepter que les choses naissent d'abord petites. Tout ce qui naît, naît petit, voire discrètement, et résulte d'un travail d'enfantement.

Le fantasme de l'immédiat et du simultané

On a tort de considérer l'artiste comme inspiré, nourri par une créativité spontanée dont l'œuvre jaillirait sans effort. Tout artiste travaille à son œuvre. Faire de la création un acte banal est un paradoxe, sinon une aberration, conduisant à solliciter la paresse : n'apprenons rien, ne travaillons pas, notre créativité trouvera d'autant mieux à s'exprimer. L'immédiateté de la création est un leurre et signale plutôt le désir proprement humain de connaître la puissance de la création divine qui, d'un même mouvement, dit et fait. Ce qui fascine le spectateur d'une œuvre, c'est précisément l'acte créateur de l'artiste. Sa puissance créatrice engendre des œuvres qui la révèle sans jamais l'épuiser. Cette puissance renaît sans cesse, nous donnant l'illusion d'une création sans interruption et sans durée, voire indépendante du temps.

---

1. *Op. cit.*

La comparaison entre création divine et création artistique se conçoit aisément lorsque Michel-Ange peint, sur le plafond de la chapelle Sixtine, la Création du monde, et particulièrement le *Jugement dernier*. Ce petit panneau, qui passe plutôt inaperçu en raison de son aspect vague et estompé, est habituellement décrit comme « Dieu partageant la lumière et les ténèbres ». Or, à le décrire ainsi, on perd la vigueur du sens : bien loin d'être la puissante et virile figure paternelle des scènes de la création, c'est ici un vieillard faible qui essaie d'émerger d'un nuage tourbillonnant où il était enveloppé comme dans une chrysalide ; son unique bras s'élève à tâtons pour se défaire péniblement de l'écheveau qui le maintient encore. Cette émergence tâtonnante suggère l'action du Créateur se créant lui-même. C'est ce qui a conduit les contemporains de Michel-Ange à voir une signification hérétique à cette interprétation d'un Dieu s'autocréant, comme s'il se délivrait lui-même de son propre utérus. Comme l'écrit Anton Ehrenzweig : « *Tout artiste véritable s'identifie, lui et son œuvre, aux pouvoirs générateurs de l'utérus {...}. L'histoire de la création divine devient ainsi l'histoire de la création humaine*[1]. »

Le Dieu autocréateur représente Michel-Ange s'autocréant comme artiste au moment même où il fait advenir sa peinture : l'artiste est cause de lui-même (il naît artiste) en même temps qu'il crée une œuvre. En ce sens, l'artiste Barnett Newman affirme, à l'époque des *happening* et des performances, que « *l'art, c'est maintenant* ». Il n'y a rien d'autre à articuler à l'œuvre que sa temporalité propre.

C'est cette simultanéité que nous recherchons tous, en souhaitant par exemple qu'une rencontre, un choix ou un travail nous révèle enfin à nous-mêmes. Le temps semble avoir le pouvoir de le retarder parce que l'être humain tâtonne, élabore et se cherche. Il se fait « à la longue », tandis que l'artiste réussit cette performance

---

1. Anton Ehrenzweig, *L'ordre caché de l'art*, Gallimard, 1987.

de se créer lui-même au moment où, en créant une œuvre, il se modèle lui-même. L'œuvre se fait et l'artiste se découvre créateur.

La joie de créer

Toute création implique une autocréation. C'est là une des différences majeures entre création et créativité. L'être humain, dès l'enfance, témoigne de sa créativité au sens où il se plaît à modifier ce qui l'entoure, à laisser son empreinte – fût-elle éphémère –, parce que cela lui procure une joie immédiate et une satisfaction de lui-même aux accents jubilatoires. Comme l'observe Hegel, « *on saisit déjà cette tendance dans les premières impulsions de l'enfant : il veut voir des choses dont il soit lui-même l'auteur, et s'il lance des pierres dans l'eau, c'est pour voir ces cercles qui se forment et qui sont son œuvre dans laquelle il retrouve comme un reflet de lui-même*[1] ».

Seulement, cette joie qu'apporte la créativité humaine est une joie essentiellement tournée vers soi, un soi qu'elle contribue par ailleurs à former, alors que la création artistique a une dimension universelle. La création artistique serait plutôt l'universalisation de ce soi qui permet de rendre communicable à tous ce qui restait jusqu'alors confus, variable ou seulement entrevu. Il n'y a pas de création sans une telle dimension, c'est-à-dire sans celui auquel elle s'adresse.

Le plus souvent, l'individu n'est pas assez ce futur qu'il projette et qui donnerait du sens à son présent. Le futur est perçu comme ce temps que nous pouvons seulement espérer et attendre. Nous attendons faute d'agir, et le temps paraît tantôt lent, tantôt rapide, puisqu'il n'est plus indexé à l'enchaînement des actions projetées et accomplies. Faute de patience, toute action entreprise devient prisonnière de la fluctuation entre l'espoir et la crainte. Il ne s'agit pas d'une patience relative au temps, mais à la nature de la chose

---

1. Hegel, *Esthétique*, PUF, 1998.

que l'on veut accomplir, laquelle prend le temps qui lui est nécessaire pour être. La « *longueur du chemin* » dont parle Hegel souligne le caractère incompressible de la durée propre à l'accomplissement de toute chose. Comme le dit Zarathoustra : « *Qu'importe l'heure ! Depuis longtemps je ne songe plus à l'heure, je songe à mon œuvre*[1]. »

Toutefois, ce qui anime la création au même titre que la créativité est la conscience que l'être humain doit se faire lui-même : tel qu'il est, il n'est pas achevé, et il lui appartient de se créer lui-même par lui-même. « *Artisans de notre vie, nous travaillons continuellement à pétrir, avec la matière qui nous est fournie par le passé et le présent, par l'hérédité et les circonstances, une figure unique, neuve, originale, imprévisible comme la forme donnée par le sculpteur à la terre glaise* », dit Bergson[2]. C'est pourquoi toute expression créative, aussi diverse soit-elle, manifeste cette part de liberté qui permet à chacun de devenir ce qu'il est. De ce point de vue, qu'importe le résultat de ce qui est entrepris (si cela a une valeur pour l'humanité), parce que l'individu par l'intégrité de son travail contribue, à sa façon, à être mieux présent au monde, aux autres et à lui-même. Cette triple relation nouée grâce à l'expression de sa créativité participe ainsi d'une joie plus parfaite parce que plus englobante.

──────────── **Les bonnes attitudes** ────────────

Entraînez-vous à ne pas retomber dans un temps fractionné où seuls certains instants seraient porteurs de créativité, tandis que les autres seraient abandonnés à la paresse et à l'ennui.

Allez jusqu'au bout, malgré vos appréhensions, vos frilosités ou vos découragements, car toute création non poursuivie aboutit à sa propre destruction : votre créativité existe, à condition de l'exprimer dans des œuvres singulières.

───────────

1. Friedrich Nietzsche, *Ainsi parlait Zarathoustra*, Gallimard, 1985.
2. Henri Bergson, *La pensée et le mouvant*, PUF, 2003.

Conclusion

L'ouverture à la philosophie commence à partir du moment où nous nous défions de nos propres pensées. Nous répétons des choses que nous croyons évidentes parce que cela nous convient et que nous sommes ainsi confortés d'être comme tout le monde. De cette passivité ou servitude volontaires, la philosophie doit nous « dérouter » afin de nous montrer une autre voie. L'emprunter, c'est cheminer et déployer les ailes de notre pensée pour devenir, comme le dit Paul Valéry, « *léger comme l'oiseau et non comme la plume* ».

Il nous fallait bien Socrate pour comprendre que l'on peut aimer la philosophie et en vivre comme il l'a fait, quitte à passer pour un fou aux yeux de la foule. Car on ne fait pas de la philosophie pour récolter des profits : ce n'est pas à la vie de se rendre philosophique. Autant s'arrêter tout de suite ou ne jamais commencer. Il n'y a pas à militer pour rendre les choses de la vie « plus » philosophiques. C'est à nous de naître à la philosophie, de nous installer en elle pour vivre de sa vie, autant que possible. Être disciple de Socrate ne revient donc pas à savoir reproduire quelques thèses, mais à vivre comme Socrate a vécu – ce qui n'est jamais décrit à la manière d'une recette du jour – et à aimer comme il a aimé la philosophie. Dans ce « comme », il y a toute la place pour inventer, à son tour, une manière de vivre et d'aimer « en philosophie », ainsi que l'on dirait « en Socratie ». Il faut partir et lever l'ancre. Prendre le risque, « *ce beau risque* », disait encore Socrate.

Ne partons pas, en même temps, avec la bonne conscience d'avoir définitivement compris quelque chose, parce que cette bonne conscience ressemble quelquefois à s'y méprendre à une « bonne digestion ». Un pas de plus est donc à faire. Ce pas de plus consiste non pas se gargariser de nos discernements ou à mettre sous vide nos plus belles pensées, qui finiront d'ailleurs par se figer, mais plutôt à « *trembler du désir et du plaisir d'interroger*[1] ». C'est là peut-être l'exigence la plus haute de la philosophie, qui nous mène à la grandeur des philosophes – et pas seulement à celle des grandes doctrines philosophiques –, celle d'avoir trouvé la route menant aux « hyperboréens ». Quelle est cette région ?

Les régions merveilleuses des hyperboréens, selon la mythologie grecque, sont situées au-delà des endroits où souffle Borée, le vent du Nord. Elles sont toujours radieuses sous le soleil du dieu Apollon qui y séjourne pendant l'hiver. Les vents du Nord peuvent prendre dans leurs glaces le promeneur égaré qui s'éloigne des cimes où le soleil, à la chaleur si éloignée de celle confinée d'une vie grégaire, s'accroît. Aller au-delà – au-delà du Nord, de la glace et des peurs qui pétrifient –, signifie jouir d'un sort qui dépasse les mortels et qui caractérise « les philosophes », comme le rappelle Nietzsche. En tout désir de philosopher, parce qu'il est à la fois intempestif, solitaire et inventif se fait entendre la voix d'un « hyperboréen[2] », assez puissante pour celui qui tend l'oreille, suffisamment joyeuse et douce pour celui qui cherche à bien vivre.

Le dialogue se noue entre ces voix qui se répondent, et il n'y a plus alors à souhaiter, avec Sören Kierkegaard, que « *philosopher soit la manière la plus naturelle de parler de l'homme aux hommes* ».

---

1. Friedrich Nietzsche, *Le gai savoir*, Flammarion, 2007.
2. Voir l'analyse de Monique Dixsaut, *Nietzsche, par-delà les antinomies*, La Transparence, 2006.

Bibliographie

ADORNO Theodor et HORKHEIMER Max, *La dialectique de la raison*, Gallimard, 1983.

ANSELME (saint), *L'œuvre d'Anselme de Cantorbéry*, Cerf, 1986.

ARISTOPHANE, *Comédies*, Les Belles Lettres, 1972.

AUGUSTIN (saint),
>   *La cité de Dieu*, Seuil, 1994.
>   *Les confessions*, Gallimard, 1993.

BADINTER Élisabeth, *L'amour en plus*, LGF, 1982.

BAUDELAIRE Charles, *Les paradis artificiels*, Gallimard 2007.

BAUDRILLARD Jean, *La pensée radicale*, Sens et Tonka, 2001.

BAUDRY Patrick, *La pornographie et ses images*, Pocket, 2001.

BAUMAN Zygmunt,
>   *La société assiégée*, Éditions du Rouergue, 2005.
>   *Vies perdues. La modernité et ses exclus*, Payot, 2006.

BENJAMIN Walter, *L'œuvre d'art à l'époque de sa reproductibilité technique*, Allia, 2003.

BENVENISTE Émile, *Problèmes de linguistique générale*, Gallimard, 1980.

BERGSON Henri,
>   *Essai sur les données immédiates de la conscience*, PUF, 2007.
>   *La pensée et le mouvant*, PUF, 2003.

BLANCHOT Maurice, *L'entretien infini*, Gallimard, 1969.

BOUGNOUX Daniel, *La crise de la représentation*, La Découverte, 2006.

BOURDIEU Pierre,

Contre-feux, Éditions Raisons d'agir, 2001.
La misère du monde, Points Seuil, 2007.

CERTEAU Michel de, *L'invention du quotidien*, Gallimard, 1990.

CHAR René, *Recherche de la base et du sommet*, Gallimard, 1977.

CHOBEAUX François, *Les nomades du vide*, Actes Sud, 1999.

COMTE Auguste, *Catéchisme positiviste*, Flammarion, 1966.

CONCHE Marcel, *La mort et la pensée*, Éditions Cécile Defaut, 2007.

DAVIS Mike, *Au-delà de Blade Runner : Los Angeles et l'imagination du désastre*, Allia, 2006.

DESCARTES René,

Œuvres complètes, Correspondance, vol. 4, Vrin, 1976.
Discours de la méthode, Flammarion, 2000.
Règles pour la direction de l'esprit, Vrin, 1994.

DETIENNE Marcel, VERNANT Jean-Pierre, *La cuisine du sacrifice en pays grec*, Gallimard, 1979.

DIXSAUT Monique, *Nietzsche, par-delà les antinomies*, La Transparence, 2006.

DOSTOÏEVSKI Fedor Mikhaïlovitch, *Les frères Karamazov*, LGF, 2004.

DUBY Georges, PERROT Michelle et FRAISSE Geneviève, *Histoire des femmes en Occident*, Perrin, 2002.

EHRENZWEIG Anton, *L'ordre caché de l'art*, Gallimard, 1987.

ÉPICTÈTE,

Les entretiens, Mille et une nuits, 2005.
Manuel d'Épictète, LGF, 2000.

ÉPICURE,

Lettre à Ménécée, Hatier, 2007.
Lettres, maximes, sentences, LGF, 1994.

ETCHEGOYEN Alain, *Éloge de la féminité*, Arléa, 1999.

FREUD Sigmund, *La technique psychanalytique*, PUF, 2002.

GAULEJAC Vincent de et TABOADA-LÉONETTI Isabel, *La lutte des places*, Desclée de Brouwer, 2007.

GOETHE Johann Wolfgang von, *Faust*, Flammarion, 1990.

GOFFMAN Erving, *La mise en scène de la vie quotidienne*, Minuit, 1973.

GROS François, *États de violence. Essai sur la fin de la guerre*, Gallimard, 2006.

GUIENNE Véronique, *L'injustice sociale : l'action publique en question*, Érès, 2006.

HEGEL Georg Wilhelm Friedrich,
  Encyclopédie des sciences philosophiques, Vrin, 1988.
  Phénoménologie de l'esprit, Aubier, 1992.

HOBBES Thomas, *Léviathan*, Gallimard, 2000.

HUNTINGTON Samuel, *Le choc des civilisations*, Odile Jacob, 1997.

IBSEN Henrik, *Une maison de poupée*, LGF, 1990.

JANKÉLÉVITCH Vladimir, *L'irréversible et la nostalgie*, Flammarion, 1983.

JOAS Hans, *La créativité de l'agir*, Le Cerf, 1999.

JULIEN Claude, *Le devoir d'irrespect*, Éditions HB, 2007.

KAFKA Franz, *Le Terrier*, Mille et une nuits, 2002.

KANT Emmanuel,
  Opuscules sur l'histoire, Flammarion, 1990.
  Histoire et politique, Vrin, 1998.
  Fondements de la métaphysique des mœurs, Delagrave, 1997.

KIERKEGAARD Sören, *Post-scriptum aux Miettes philosophiques*, Gallimard, 2002.

KOJÈVE Alexandre, *Introduction à la lecture de Hegel*, Gallimard, 1979.

LA BRUYÈRE Jean, *Les caractères*, Flammarion, 2004.

LE BLANC Guillaume, *Vies ordinaires, vies précaires*, Seuil, 2007.

LE LANNOU Jean-Michel, *Soulages, La plénitude du visible*, Kimé, 2001.

LANDFRIED Julien, *Contre le communautarisme*, Armand Colin, 2007.

LEVINAS Emmanuel, *L'au-delà du verset. Lectures et discours talmudiques*, Minuit, 1982.

LOCKE John, *Essai philosophique sur l'entendement humain*, Vrin, 2001.

LUCRÈCE, *De la nature*, Flammarion, 1964.

MERLEAU-PONTY Maurice, *L'œil et l'esprit*, Gallimard, 1985.

MICHAUD Yves, *Le Pouvoir, l'État, la politique*, Odile Jacob, 2002.

MOGGACH Deborah, *Ces petites choses*, Fallois, 2007.

MONTAIGNE Michel de, *Les Essais*, Gallimard, 1973.

NIETZSCHE Friedrich,

  Ainsi parlait Zarathoustra, Gallimard, 1985.
  Le gai savoir, Flammarion, 2007.

PACHET Pierre, *L'œuvre des jours*, Circé, 1999.

PAPERMAN Patricia et LAUGIER Sandra, *Le souci des autres*, EHESS, 2006.

PASCAL Blaise,

  Pensées, Gallimard, 2004.
  Les provinciales, LGF, 2004.

PLATON,

  Gorgias, Flammarion, 2007.
  La République, Flammarion, 2002.
  Les Lois, Flammarion, 2006.
  Lysis, Les Belles Lettres, 1999.
  Phédon, Flammarion, 1991.
  Timée, Flammarion, 1992.

PRICE Sally, *Arts primitifs ; regards civilisés*, ensba, 2006.

PROUST Marcel, *À la recherche du temps perdu*, Gallimard, 1989.

ROSANVALLON Pierre, *La contre-démocratie. La politique à l'âge de la défiance*, Seuil, 2006.

ROUSSEAU Jean-Jacques,
> *Discours sur l'origine et les fondements de l'inégalité parmi les hommes*, Gallimard, 2006.
> *Essai sur l'origine des langues*, Flammarion, 1993.
> *Les confessions*, Flammarion, 2002.
> *Les rêveries d'un promeneur solitaire*, Flammarion, 2006.

SAINT-EXUPÉRY Antoine de, *Terre des hommes*, Gallimard, 1972.

SARTRE Jean-Paul, *L'être et le néant*, Gallimard, 1976.

SÉNÈQUE, *Lettres à Lucilius*, Mille et une nuits, 2002.

SHAKESPEARE William, *Richard III*, Flammarion, 1984.

SIMMEL Georg, *Philosophie de la modernité*, Payot, 1989.

SOPHOCLE, *Œdipe roi*, Gallimard, 2006.

SPINOZA Baruch,
> *Éthique*, Gallimard, 1994.
> *Traité théologico-politique*, Flammarion, 1997.

STAROBINSKI Jean, *Jean-Jacques Rousseau, la transparence et l'obstacle*, Gallimard, 1976.

STIEGLER Bernard, *La technique et le temps*, Galilée, 1994.

TOCQUEVILLE Alexis de, *De la démocratie en Amérique*, Flammarion, 1981.

VALÉRY Paul,
> *L'idée fixe ou deux hommes à la mer*, Gallimard, 1933.
> *Œuvres*, Gallimard, 1980.

WILDE Oscar, *Le portrait de Dorian Gray*, LGF, 2003.

www.ingramcontent.com/pod-product-compliance
Lightning Source LLC
Chambersburg PA
CBHW070400200326
41518CB00011B/1995